「謎」の進学校　麻布の教え

神田憲行

Kanda Noriyuki

a pilot of wisdom

目次

第四章　岐路に立つ麻布——181

はじめに

そもそもこの企画は麻布《あざぶ》（麻布中学校・麻布高等学校）出身の若い編集者とのなにげない会話から始まった。彼と別の教育関係の取材をしていて、自然と「君はどこの高校出身なの？」という話になったのだ。麻布という返事に、私は妙な「巡りあわせ」のようなものを感じた。というのもそのころ、私は偶然にも立て続けに同校ＯＢの著名人を取材していて、「麻布っていろんな人が出ているんだなあ」と不思議に思っていたからだ。

学校法人麻布学園は一八九五年に江原素六《えばらそろく》氏によって設立された、二〇一五年に創立一二〇周年を迎えようとする中高一貫の男子校である。同じ私立中高一貫男子校の開成（学校法人開成学園）、武蔵《むさし》（学校法人根津育英会武蔵学園）と並び「御三家」と評される進学校で、特に東京大学への進学数では全国ベスト一〇内の位置を五〇年以上キープしている。著名ＯＢを紹介すれば、それだけでこの本が終わってしまうほど枚挙にいとまがない。

小学校から高校まで田舎《いなか》の公立、それもどちらかというと程度のあまりよろしくない学校を出ている私からすると、麻布はクラクラするような存在だ。私にとって私立進学校は、銀ブチ眼鏡をキラーンと光らせて参考書を抱えているような「漫画の世界」でしかない。

しかし世の中でちょっと変わったこと、跳ねたことをして私の視野に入ってくる人のなかに麻布出身者が異常に多かった。最終学歴は「東京大学」になっていても、一枚めくるとそこには「麻布」とあった。

「お前の学校、変わった人多いよな」「そうかもしれません」「変だよな」「変ですね」。

「変」「変」というキャッチボールを積み重ねていくうちに「麻布って変」をいっそ形にすればいいのではないか、ということになった。一流大学を出ているのに、あまりその学歴にしがみついた生き方をしていない。「えっ、麻布出てその大学？」という人もいる。何か口を開けば、社会の注目を集める発言をする。中学受験をして東大を目指すという「レールに乗った」人生のはずなのに、その行動と発想が「変」なのである。

そこではガチガチの受験指導ではない、私たちの先入観とは違う教育が行われているのではないか。その「謎《なぞ》」を解き明かすことで、麻布以外の生徒、親、教師たちにも参考になるような教育、生き方を提示することはできないか。

その想《おも》いで学校に通い、生徒、先生、ＯＢ、その他関係者に取材した。

二年間の取材で得た感想は、「やっぱり麻布って変」だった。

もう取材を申し込んだ段階から変だった。

取材の申し込みは校務主任（取材当時。副校長に相当）の彦坂昌宏先生（現在は学内理事）にお願いした。先に企画書を郵送したあと、学校の応接室で彦坂先生に私と編集者が対峙《たいじ》した。私たちの企画書を手にした彦坂先生は「うーん」と、のっけから渋い顔をしていた。

それは想像していた。麻布のような人気のある学校が、今さら学校の教育について広めてもらう必要はない。ＯＢでもない私の取材につきあう義理もない。しかも企画書の仮タイトルは「麻布って変」だ。

「うーん、変とおっしゃられても、我々としては理念に基づいて教育しているわけでして」

「（やっぱりそうだよな……）」

「自分たちで変なことをしているという自覚もありませんし」

「（企画書練り直ししよう……）」

「というわけで、今後の取材、よろしくお願いします」

「えっ、いいんですか⁉」

思わず問い返してしまった。会話の流れから、どうして取材ＯＫなのかわからない。

そのあとの彦坂先生の説明が、この学校の先生たちの気風を表していた。

「私たちは受験雑誌などの取材はよく受けるんですが、こうした一般書籍の取材はあまり受けたことがありません。自分たちの教育が外部の方の目にどう映るのか、とても興味があります」

風通しのよい学校だと思った。


こうして始まった取材は学校行事の見学からスタートしたが、ことごとく変だった。

まず秋には学校説明会があった。どこの私立中学でも受験生の保護者を対象に日程を三回ぐらいにわけて、校長や教員が学校のあらまし、理念などを直接説明して、質問を受ける。たいていの学校は定員を限るか事前申し込みが必要なのだが、麻布は「当日、誰《だれ》が来てもよい」ということになっていた。ということで、直近の受験生の保護者だけでない人たちも来校する。私が見たところ小学校低学年の女の子や、なぜかおじいさんとおばあさんふたり組もいた。孫のためというより暇つぶしの見物に来た感じだ。過去には「将来この子を受けさせたいんです」と赤ん坊を抱えたお母さんも来たことがあるとか。

説明会では講堂でまず氷上信廣《ひかみのぶひろ》校長（取材当時）から創立者である江原素六氏と学校理

念の紹介があり、そのあと彦坂先生がスライドで学校の施設や活動を紹介し始めた。

「保健室です。女性の先生が二名おりまして、生徒には図書館の次に人気があるところでございます。生徒は具合が悪くても悪くなくても、ここを訪れます」

「この食堂は一三〇名が一度に利用できます。麻布は基本お弁当を持ってくるように指導していますが、みんな午前中に食べてしまうのでお昼はここで食べることが多いようです」

「学校の授業は朝八時からです。授業を早く終えて部活動をするためです」

「学校の開門は朝六時なんですが、麻布の生徒はみんな学校が大好きなのか、開門前から並んでいる者もいます」

「服装は基本的に自由で、私服でも構いません。制服に近い標準服も用意してありますが、ボタンを一セット八〇〇円で販売しておりますので、ご兄弟の中学の学生服をお持ちの方は、そちらにボタンだけつけ替えていただくと安上がりになります」

彦坂先生のとぼけた説明のたびに保護者席から笑い声が起きる。まるでトークショーのようだ。

それでいて、自慢してもしかるべき進路についての説明は一切ない。東京大学と京都大学に何人合格したかという発表がないのだ。他の私立進学校では、在校生の過去三年分の進路をリストにして配るところもある。

こんな話が心に残った。

「およそ他の学校で起きている問題は麻布でも大なり小なり起きています。私もやんちゃな麻布生が外でしでかしたことの後始末に振り回される毎日です。でも、問題が起きても生徒が気づくまで忍耐強く見守ります。ただし、いじめ、暴力、窃盗は絶対に許しません」

麻布には、女親に引っ張られるようにして説明会に連れてこられて、逆にハマった男親も多いという。わかる気がした。


文化祭、体育祭も見学したがこれもやはり変だった。

麻布では生徒の自主性を重んじ、これらの行事では生徒が主体となって活動する。文化祭では「文化祭実行委員会」（略称・文実）、運動会でも「運動会実行委員会」（運実。いずれも取材当時）が、学校から予算を預かり、パンフレットの印刷から競技の進行まで担当する。リレーのスターターピストルを撃つのも生徒だ。教師はグラウンドのなかに入ってはいけない。外から保護者たちと一緒に見学するだけというのだから徹底している。

運動会は、たとえば中一から高三までの一組は赤、二組が青とクラスを縦割りに色わけにして、色別対抗で行われる。

　ここからがちょっと変なのだが、各色の団長は、まず自分の髪の毛をクラスの色に染めることから始める。だから校内には赤、青、緑といった髪色の生徒が現れる。委員長は全クラスの色を使って染めるから、だんだら模様ですごいことになる。あんな髪の毛をして先生から怒られないというのは、田舎の高校生だった私からすれば考えられないことだ。

　ちなみに運動会、文化祭とも受験を考えた保護者が子どもを連れて見学に来ることも多く、みんな髪の毛の色にショックを受けるそうで、先述の学校説明会では彦坂先生が、

「いろんな髪の毛をした生徒がいますが気にしないでください」

　と弁解のようなことを言っていた。

　運動会は本番の前に一度、予行演習を行う。私が通っていた小学校、たぶん中学でも予行演習をし、入場行進の練習をさせられた記憶がある。来賓として見学に来る「偉い人」に恥ずかしくないようにという配慮で行われていたそうで、子ども心にも「なんじゃそら」と思った。しかし、麻布の予行演習はそんな理由で行われるのではなく、競技のテストをするためだ。というのも麻布では、運動会の競技にも生徒が発案した「オリジナル競技」があり、それが本当にできるのか、危険性がないのかを試すのである。かなり本気、

というか全力である。

運動会名物は高二の騎馬戦だ。ちなみに運動会・文化祭とも主体は高二までで、高三は受験を配慮して遅刻しての参加を認めている。このへんは進学校らしい。

高二の騎馬戦は団長の騎馬を倒せば勝ちというルール。試合が始まると、一斉にぶつかりあうのではなく、団長の騎馬を護衛する騎馬がいたり、相手の隙《すき》をうかがって攻撃するために迂回《うかい》作戦をとる騎馬がいたりと、将棋のような展開になる。そして騎馬同士がぶつかりあうと、意外と迫力のある白兵戦になり、落馬した者同士がつかみあいをして、審判役の生徒たちが止めに入るシーンもあった。

運動会が見せる麻布は、ここが「青白いインテリの学校」ではなく、男子校ということを改めて認識させる荒々しさ、やんちゃな素顔である。

そして麻布のもうひとつの素顔を見せてくれるのが、三日間かけて行われる文化祭だ。麻布の文化祭は一般公開されていて、三日間でのべ二万人も訪れるという、ちょっとした商業イベント並みの規模である。文実の委員長は選挙で選ばれ、方針に不満をもった生徒がいると解任動議が出されることもある（取材当時）。ちなみに麻布には生徒会はなく、文実、予算委員会、選挙管理委員会などの分立体制だ。文実の「部室」も見学させてもらったが、かなり汚い。扉も天井もOBたちが書き残していった落書きだらけだ。しかし、ここは彼らの「自治の誇り」にもつながる城なのだろう。そこに学校の指導は及ばない。文実は委員長のもと、行事部門など複数の部門にわかれ（当時）、数百万円の予算を彼らだけで執行する。外部の業者に委託する際には、生徒が業者を探して選び、交渉して代金を支払う。先生という「大人」は介在しない。

展示や演《だ》し物もサークル単位、有志単位もあれば個人単位のものもある。私が見学した二〇一一年度の第六四回文化祭では、なぜか競馬の展示（一応考慮してか、「馬展」となっていた）や女子高生の制服の展示があった。化学部、書道部、美術関係の展示には目を見張った。

さらに興味深かったのは、見学に来ている女子高生たちだった。休日にもかかわらず制服姿で来ている子も多く、どうやらそれが自分たちの「ステータス」を表すようだった。

話を聞いた女子高生は、

「彼氏を探しにきている子もいますよ。私はもういるから探さないけれど」

二階の窓からふと下を見ると、まだ中学生らしい麻布の生徒が女子高生に囲まれて「アドレス交換しよう」と猛烈逆ナンパを受けている最中であった。

学校から外に出ると、別のエリート校の男子高校生が校章付きの鞄《かばん》を持ってガードレールに寄りかかっていた。見学に来た女子高生の「出待ち」のようだ。関東のエリート校だけが共有できる空気のようなものがそこにあった。

麻布は卒業式も変だった。

講堂に集まり、ひとりひとり名前を呼ばれて壇上で校長先生から卒業証書を受け取るのだが、結構な割合の生徒が仮装している。部活動に力を注いでいた生徒はそれにちなんだ格好、女装している者もいた。校長先生のところへ向かうとき、生徒の席に向けて帽子を投げ飛ばすパフォーマンスもあった。六年間を過ごした学舎を去る厳粛さもめそめそした感慨もなく、やたら陽気で楽しげな卒業式だった。けれども、それでいて氷上校長の前ではちゃんと頭を下げるなど、ふざけているようで無礼ではなかった。

麻布の行事や校内を見学して、私がいちばん驚いたのは教室だ。変を通り越して「これは学校の態をなしてはいないのではないか」とすら思った。生徒さんにアンケートをとるために（第二章参照）、彦坂先生が当時担任をしていたクラスにお邪魔した。「クラスタイム」という名前のホームルームなのだが、先生が教室に入ってもまだ立っておしゃべりしている生徒がいる。横座りで音楽を聴いている生徒、机に漫画本を積みあげてむさぼるように読んでいる生徒もいた。田舎の県立高校育ちの私は頭のなかで「これはうちの学校では校則違反」「こいつも校則違反」「こいつらまとめて停学や！」と、やり場のない怒りに見舞われた。別にそんなこと、私が思う必要はないのだが。

先生が教壇に立って話し始めてもまだ落ち着かない。どうやって静かにさせるんだろう、と見ていたら、さすがベテラン、生徒にお構いなしにプリントをいちばん前の席の生徒たちに配り始めた。すると生徒たちも大人しくスルスルと席に戻り、プリントをうしろに回し始めた。彼らは、漫画を読んだり音楽を聴くことに対し「悪いことをしている」という意識も、授業を邪魔しようという意識もない。だから先生から「課題」を配られると、それに取り組むのも抵抗はない。いちいち言葉で注意していくよりも、さっさと始めた方が効率がよいのだ。私は先生に怒鳴られたり注意されることばかり経験していたから、こんなクラスの御《ぎょ》し方もあるのかと感心した。

しかしクラスのなかは絶望的に汚い。教室のうしろにはなぜかゴミの山ができているし、アンケートを回収するため机の間を移動しようにも、床にいろんなものが落ちている。高校生時代の自分の部屋みたいだった。これは麻布特有というより、男の子ばかりの学校だから仕方ないのかもしれない……と思っていたら、別の取材である男子進学校の教室をのぞいたらきれいだったので、やはり麻布の問題かもしれない。

生徒だけでなく、先生やOBたちも変だった。

麻布の先生たちにインタビューしたときにわかったのだが（第三章参照）、先生のうち、麻布卒業生は意外にも一割程度しかいない。九割は他の学校のOBである。だから「母校愛に燃えてこの学校に来ました！」という人は少ない。最初はアルバイトのような非常勤講師で頼まれて教えだし、そのうち面白くなって専任教員になって、校務主任になった彦坂先生のような人もいる。

「なんか教えてるうちに面白くなってきちゃってね」

女性の先生では教育実習で他の男子校で教えて、整然とした雰囲気が気に入り麻布に来て、

「まあ、こんな騒がしい学校だとは思わなかったわ」

と笑う人もいた。だいたいみんな私のように「すごくよく勉強できる大人しい子どもな

んだろうな」というイメージで来て、いろんな意味で予想を裏切られてどっぷりハマった人たちなのである。

コラムでは著名なOBたちに当時の雰囲気を伺った。何人か、「俺《おれ》、たぶん裏口入学っぽい」

と言いだす人がいて慌てた。「伝説の天才」と言われた東大教授が、「学校生活で覚えているのは麻雀《マージャン》くらいしかない」

と言いだして頭を抱えた。母校への懐かしさ、おかしみ、さまざまな想いが伝わってきた。

私自身、首までどっぷりとつかってここまでひとつの学校を取材したのは初めてのことだった。麻布も、これだけ出入りするライターを受け入れたのは初めての経験だったろうと思う。毎回意外な発見の連続で、取材の「終わり」が見えなくなったこともあった。それでもひと通り取材を終えると、学校の紹介というよりは教育そのものを考える契機となった。

それでは、超進学校の扉を開けよう。

第一章　中学受験の難関校・麻布の内側

合格発表の風景

難問奇問が珍しくない中学入試の世界で、麻布の入試問題は良問と評価されることが多い。しかし塾などが入試問題の分析をすることは多くても、出題者である学校側に取材したケースは少ないように思われる。そこでここでは、麻布を知る最初のきっかけとして、まず入試問題をとりあげてみたい。点数比重の高い国語と算数（各六〇点。理科と社会は各四〇点）について、ふたりの先生から入試問題の作り方、採点時の様子など、これまであまり語られてこなかった入試事情を伺った。またそのような入試をパスする子どもたちの「特徴」について、塾にも取材した。

期待するのは「格闘の跡が見える」答案

まず国語では、中島克治先生に話を伺った。麻布で教えて二三年というベテラン教員で、麻布OB、東京大学文学部卒の五一歳（取材当時）。インタビューの前に、入試問題を「体感」するために、二〇一一年度の国語の入試問題を私と編集者のW氏（麻布→東大卒）とでそれぞれ解いていった。いかに難関中学の入試問題とはいえ、小学生相手の国語である。中学受験の経験はないが、私も少しは自信があった。

問題は井上ひさしの小説「あくる朝の蟬《せみ》」の一節からだった。孤児院に預けられている兄と弟のふたりが、祖母と叔父が暮らす家を訪ねる。兄は思いきって祖母にこの家に置いてくれるよう頼む。だが深夜、叔父が生活の苦しさと兄弟への複雑な感情を祖母にぶつけるように告白しているのを聞いてしまい、夜明け、祖母と叔父が起きる前にふたりでそっと家を出るところで問題文は終わっている。

わりと切ない物語なのだが、まず驚いたのが問題文の長さである。一行五七文字で一九五行もある。設問が一三問。これで六〇分なのだから、かなりの分量である。

設問の種類は、漢字の書き取りが一問、選択肢問題が一問、文章から抜きだすのが二問、あとは「説明しなさい」の記述式である。なかには「自分の言葉で説明しなさい」というのもあり、解答欄には広大なスペースがとってあった。国語試験でありがちな「×字以内で解答しなさい」という設問はひとつもない。かなり書く力が試されている。

自宅で解いていった「答案」を中島先生にお見せすると、

「模範解答は公開していないので、ざっと拝見だけしますね」

と私の解答用紙に目を通し始めて、すぐ「ふっ」と笑った。

「神田さん、まず漢字がふたつ間違ってますね」

「えっ」

「選択肢も間違ってます。ひっかけに、見事にひっかかってます」

「えっ」

なまじちょっとは自信もあっただけに、かなり恥ずかしい。

「それに比べるとWさんの解答は、最高点前後は得られるかと思います。六〇点満点で四〇点以上。神田さんのは半分いかないですねー」

W氏の「答案」は広大な記述スペースを細かな文字でびっしりと埋めてある。

「なんか書けば、かすって部分点もらえるかなと思って埋めました」

とW氏。なるほど、これが麻布の国語解法のコツという奴《やつ》か。さすが一回受かっている人は違う、と自分を慰める。中島先生はふたりの「答案」の優劣をこんな風に説明してくれた。

「たとえば『人の形を描《か》きなさい』という課題だとすると、神田さんのは影とかくびれとかが描けてなくて、楕円《だ》形のラフスケッチになっているんです。これではヒトガタとは認められないから、点数は差しあげられませんね。Wさんのはちゃんと人の形に見えて、手足もキチンと描きわけている。ちょっと足が長いかな、手が長いかなという感じもありますが、理解しているところをちゃんと主張しているので点数がもらえます」

とりあえず私はすごく反省することにして、入試問題について伺った。

——まずびっくりしたのは、文章量が多いことです。いつもこのくらいなのでしょうか。

「だいたい、六〇〇〇字から一万字の間です。けっして短くはないと思っています」

——長さの一方で設問を順に解くとそれが問題文の理解につながるように工夫されていることに感心しました。

「文章を読む手助けになる設問になるようにしています。それは配慮しているところです」

——入試問題でよくあるような文字数を指定するような設問はないのですね。

「二〇〇字で、とか指定することもあるんですが、今回（二〇一一年）の問題と問われている内容では、字数制限するとキツイでしょう。問題がこれだけ多くならなければ字数制限の設問を出したかもしれません。量と問題の難しさから考えて、文字数の制限を課すのは現実的ではないだろうという判断です」

——「自分の言葉で説明しなさい」という設問が印象的でした。どういう意図なのでしょうか。

「比喩《ひゆ》で答えてくれるなよ、文中の言葉を切り貼《きば》りして答えてはいけないよ、という意味です。比喩は比喩なので、『どういうことか』という設問に対して『たとえばこういうこと』というのは答えにならない。そして、引用して切り貼りして答えていると、本当にその子がわかっているのかどうかわからない。二歳ぐらい年下の子どもに説明するように書かないとわからないわけですよ。ということは文中の言葉をそのまま使ってもわからないので、かみ砕いて易しくしたり、もしくは量を減らして単純化したりとか、どうしても思考力を使って言葉を操る作業が必要になる。そこの部分を問いたいわけなんですよ。あなたはどうかみ砕いて、消化していますか、ということです」

——題材は小説が多いのですか？

「こだわってはいないですけれど、物語が多くなりがちです。子どもの等身大の感受性を、と考えると、主人公が子どもであったり、彼らの想像のつく範囲で心の動きがあるものを選びたくなってしまうんですね。評論文とか説明文になりますと、子どもたちが心のありのままを駆使して解くというよりも、どうしても知識偏重になってしまいますので、なかなか実際は扱いづらいかなと思います。エッセイも、作者の複雑な感じ方、考え方の集大成になってきますので、それを子ども向けに勘案して問題を作っていくのも、最後に大きな問題として作者の感じ方や考え方を問うのも不可能であろうと。結果的には子どもか青少年が主人公になっている物語か小説に落ち着くことが多いです」

――受験者の感受性を見るのですね。

「できればそこを見たいと思っています。ところが塾が麻布らしい問題ということで、勝手に成長物語のプロットを置いて指導してしまうんですよ。ああいうことがあってこういうことがあって、だけれど成長しました、っていうある種のウェルメイドなハッピーエンド（もしくはビターエンド）の物語を作ってしまって、それに全ての小説のプロットを当てはめていこうとする。今回の問題でもそういう解答が結構出てきまして、困ったなあと減点したり、バツをつけたりしていました。それだと受験生ひとりひとりが本当に心を駆使したことにならない。逆に言えばそういう成長物語の枠をはみ出るようなものをぜひ出したいと思っています」

――この文章で「成長物語」と解釈するんですか？　私は切なさを感じたのですが……。

「『自分たちは単純に、住みたい、と思ったけれども、おばあさんやおじさんにもさまざまな事情のあることがわかったので、孤児院に住むことを改めて決意した、という成長物語』という風になるんですよ。細かな解釈のなかにそういう論理も成り立たなくはないですが、それは成長とは言えないでしょう。最初から、自分たちがそこにいていいのか、という揺れのなかで彼らはずっと動いてきたので、そういう意味では何も成長という言葉を使わなくても説明できるのにな、ということを採点していてもどかしく感じました。もともとは孤児院で、自分たちを犠牲にしても人のことを大事にするような、もしくは人のことを考えさせられるような環境で育ってきた兄弟が、やはりおばあさんの苦境を見た上で孤児院に帰ることを選ぶ。彼らの人となりが表れた小説ではあっても、そのことで彼らが一段も二段も成長した、という枠ではやはり収まらない。そういう意味では問題に当たってみて、これをどうとらえたらいいのだろう、どうまとめたらいいのだろうと悩む姿が見える答案があると本当は嬉《うれ》しいですね。矛盾しててもいいんです。格闘した跡が残っているのが、私たちにとって望ましい答案です」

――「成長物語」としてとらえると、合格点には届かないのでしょうか。

「一概には言えませんが、本文の出題の主旨から離れていくと、うしろの方の設問では得点できないことになっています。でも前の設問では得点できるので、成長物語ととらえても合格点に達することはあると思います」

――「成長物語」の小説は出さないのでしょうか。

「去年（二〇一〇年）も木登りができる牛の物語からの出題でした（薄井ゆうじ「木登り牛」）。牧場から逃げだしてはみたものの、木登りができることで注目を集めてしまった牛が、売られていく仲間を木の上から見ているという場面で物語は終わります。つまりどこに行っても逃げ場所がないんだという、成長物語とは正反対の生存における非常に暗い闇の部分を表現していますので、そういうところも子ども心に気づいてほしい、というのが設問の意図なんです。しかし全ては素材次第ですので、成長物語は出さないと決めているわけではありません。単純な成長ということではないならば、それは我々にしても問題が作りやすいので、大いに出題の対象に入ってくると思います」

「唾棄《だき》すべき」設問

記述式の問題が多いということは、採点にも大変な苦労をする。麻布では、二月一日に試験を終えて、ヨーイドンで採点を始めて、三日に合格発表を行う。毎年一〇〇〇人近い受験生がいるので、教員たちは徹夜までいかなくとも、長時間の採点作業を強いられることになる。

採点は答案用紙の名前の部分を隠して行い、一枚の答案を複数の教員が見る。模範解答を事前に用意するのはもちろんだが、採《も》めるのは教員ごとにつけた部分点に開きがあるときだ。たとえばある設問の記述に関して、ひとりの教員が部分点を七点与えて、別の教員が五点だったとする。すると採点作業をいったん中止して、討議に入る。

「それはすごい討議になりますよ。模範解答通りじゃないけれど、（部分点を与えられる）要素が入っているとき、解答を読みあげてもらって、『それはいい』『それはまずいよ』という討議を行います。また、『行間は書けている』かもしれないが表現は稚拙だというときに、どうするかという問題もあります。そもそも模範解答例に近いものがあるのか精査して、ほとんどなければ、答案のなかからどれかを最高点に近いところにひきあげて解答例としたり、採点基準を変えたり、それらを短い日数でやっているので結構大変です」

入試問題の素材となる文章は、各教員がふだんの読書や中学生用の教材を作っているときに見つける。すでに二年前から発見していることもあれば、「七転八倒して一カ月前に見つかることもあります」。作者の知名度などは考慮しない。今回も中島先生は、「井上ひさし」という名前がなくとも採用していたと言う。

素材を見つけたあとは、具体的な作問にとりかかる。これもかなり難航する作業だ。もち寄った問題を一〇回から多いときは二〇回、一回につき二時間から六時間もかけて討議していく。つまらない問題があると、

「誰がこんな問題作ったんだ」「唾棄すべき」

などと、激しい言葉の応酬になるという。

「ここは教員たちの教育観、国語観が集結するところなので、いちばんみんなが尖《とが》るところなんですね。私もかつて『麻布の見識が問われます』と尖ったことがあります」

笑いながら中島先生はそう教えてくれたのだが、結構怖い。

ちょっと哀《かな》しいのは、そうやって身体《からだ》も心も削って作った問題に対して、子どもが使わないような語彙《ごい》を駆使した解答があること。

「恐らく塾で入れ知恵されているのでしょうが、使い慣れていない言葉なので、たいてい使用法を間違えています」

下手なテクニックは見透かされてしまうのである。

書き散らされた数字を丹念に追う採点

算数について伺ったのは、数学科の平秀明先生（取材当時校務主任、現校長）だ。平先生は麻布ＯＢで、東京大学工学部卒業後、教育学部に学士入学して卒業、麻布で教えて、二〇一四年で二九年目の大ベテランである。

二〇一一年度入試の算数は大問が五つ。整数が二問、図形が二問、速さが一問。単純な計算問題はひとつもなく、○と×をつける選択式が一問ある以外は全て記述して答えを求める形式である。国語と同様に答えを書く欄以外に、途中の式などを書く欄が大きく空いているのが特徴的だ。問題文と解答用紙が一体となっていて、A3大の紙で三枚にもなる。

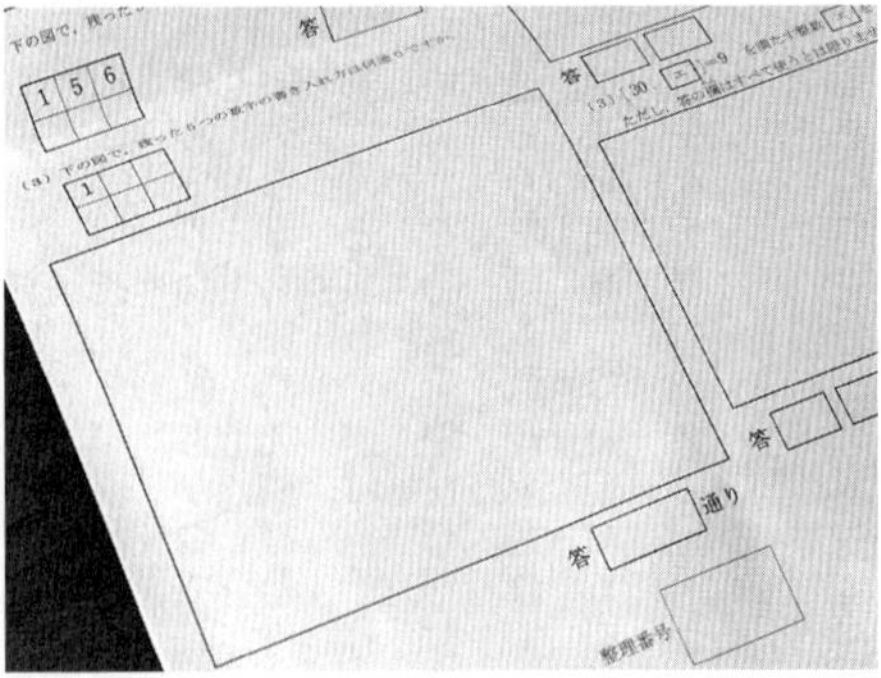

算数の解答用紙

これを六〇分で解くというのは至難の業と思うが、満点をとる子どもが「たまにいる」。

実は算数も「方程式を使えば解けるだろ」と思い挑んでみたが、最初の整数問題からどう解いてよいのかさっぱりわからず降参してしまった。

「単純に方程式で解けないように作ってありますから(笑)。方程式は中学校から勉強してもらうことなんで、僕らは要求していない。比を使ったり小学生的に試行錯誤して解いていると『ああ頑張っているな』と思います。とりあえずできそうな問題から式や図を書きだして、いじってみることが大切だと思います」

――塾の先生方によると、「麻布の算数は美しい」と評判でした。二〇一一年度で言えば、特に五番の図形問題について、小問の一と二を順に解いていけば、大トリの三のヒントになるとか。

「他校と比べたことがないのでうちの入試問題がどう映るのかはわからないのですが、五番に関しては、本当は訊《き》きたいのは三です。でも、いきなりそれだと難しいので、一、二と階段をつけて、それからちょっと飛躍するんですが、発展して考えてくれたら三ができるかなと。いつもそういう階段をつけてあげることは意識しています」

――式など途中経過を書く欄が大きいですね。

「知識・答えだけを質問するのでは、一方通行の生徒さんが入ってくるかなと思います。知識なんていうのはコンピュータで検索すればいいので、知っていることの多寡を訊いてもしょうがないんじゃないか、というのが麻布の先生にはありますね。それをどう活用するのか、これからの世界にどう結びつけていくのかが教育では大事なので、君の考えを述べなさいとか、自分の考えを表現して出させるということをどの教科でも行っています。途中経過の欄は式でなくても、言葉でもいいし、表や図を描いてもいい。モヤモヤとしたものでいいからそこに書いてくれたらいい。なかには散らし書きしちゃってどこがどうつながっているのかわからない子もいますが、丹念に数字を追っていって、『この子はここまでは考えているな』と見ますね。受験に来た子どもは一生懸命勉強してきたんでしょうから、こちらも一生懸命見ないと」

――ふだん、どういう学習をしていると、この問題が解けるようになるのでしょうか。

「基本の計算とか図形の感覚は大事だと思います。図形を自分で描いてみたり、積み木や立体パズルなどを子どものころにやっていれば、そういう感覚を養える。何年か前に、プラレールをつなげてこういう図形を作るには何本必要か、みたいな問題を出したことがあるんですが、そういうのも遊んでいれば、カーブの関係と中心角でできるかできないかパッとわかると思います。やっぱりそういう経験というか、感覚でしょうね。パズルもいろいろなものがありますけれど、『数独』とか遊びのなかから数の感覚が出てくると思うんですよ。小学生の柔軟な思考、塾で教え込まれて訓練されたものではないものを計りたいと思っています」

問題は夏ごろから先生たちがもち寄り、「ヒーヒー言いながら」検討していく。数学の啓蒙書《けいもうしょ》やパズルのような日常の趣味などが、問題作成のヒントにもなる。

「小学校の教科書はかなり綿密に検討します。今の教科書はカラフルで見ていて面白い。たとえば、数列の問題になるのですが、九九を全部足すといくらになるんだろう、とか、そういうのがちょっと小学生の教科書に出ているんですよ。小学校で学んだ知識をどう活《い》かせるか、ということに気づいて解いてくれることに期待してます」

　採点はひとつの答案を複数の先生で行う。ある程度採点基準を決めてから採点するのだが、ときには思いもつかない角度から正解にたどり着いている「天才肌」の子どももいる。そういうときはみんなで討議して、その解法を新しい採点基準に加えることもある。一三～一四人の教員が、それぞれ一二時間くらい採点に当たるという。

「入試とは学校のカラーがいちばん出てくる、外に向けての『顔』なんです。この学校の教育スタイルはこうですよ、というのがそこからうかがえる。うちで言うと、知識がたくさんあってもそれは偉くもなんともなくて、その知識をどう活かしていくのか、どう自分を表現するのか、ということを求めています。『こんなに覚えました』というのは、麻布では評価しません」

　算数でも国語でも求めているのは「上手な答え」というより、その場で解答を導きだせる臨機応変な思考力、ということになるだろうか。それでは実際、どんな子どもがこうした問題を解いて合格しているのか。ふたつの大手学習塾の担当者に取材した。

「勉強したくない」けれど「鋭い」

大手学習塾「サピックス」は毎年、麻布に多くの合格者を出すことで知られている。東京校の校舎責任者で社会科担当の岡本茂雄さんは、「麻布の入試は三つの力を求めている」という。

「ひとつ目は、しっかりと勉強してきているか。それは国語の漢字など知識をそのまま試す問題です。ただ、その量は他の学校に比べて明らかに少ない。ふたつ目は多角的な視点をもって物事をとらえることができるか。たとえば、社会の問題では、政府の立場、消費者、生産者など、さまざまな立場に立って考えることが要求される問題であるとか、世の中で起こっている問題点の本質を突くような問題であるとか、視野が広くないと対応が難しい。そういう『視点が多い子』が欲しいのかなと思います。『あっ、そっちから訊くのか』というような問題もありますから。三つ目は論理力ですね。さまざまな視点をもっていても、それを論理的に筋道立てて表現できないと麻布の先生に伝わらない。だからそこの部分は徹底的に訓練しないといけません」

麻布の過去の入試問題で、岡本さんが「感動した」というエピソードを紹介しよう。

ある年の社会科で出た問題を要約すると、

《かつて、白黒テレビ・冷蔵庫・洗濯機が『三種の神器』と呼ばれた時代がありました。そのあと一九六〇年代にクーラー・カラーテレビ・カー（車）が登場して、今度は『三C』と呼ばれるようになりました。家電製品におけるこの変化によって、人々の生活はどのように変わりましたか》

麻布は入試問題の解答を公表していないが、市販問題集の答えでは、

「エネルギーの需要が増えた」

とあった。なんとなくピンとこなかった岡本さんは合格した子どもに、

「あの問題、なんて答えた？」

と訊《たず》ねたところ、こんな「解答」があったそうだ。

「その子の答えは『コミュニケーションがとれない社会になった』。いわく、『車を使うから公共交通機関を使わなくなった、クーラーがあるから外に出なくなった、カラーテレビも同じ。だから人同士がコミュニケーションする機会が減った』と。それを麻布の先生が〇にしたかはわかりませんけれど、たぶん〇だと思うんです。こういう発想が麻布らしいんじゃないでしょうか」

中学入試だから、答えるのはランドセルを背負った小学生だ。小学生でこの解答ができるというのは、驚くしかない。

「受かる子どものタイプでいうと、ふたつあります。ひとつは大人のような論理力がある、いわゆる『賢い子』。もうひとつが発想力をもっていて、授業でも討論でも、そこに目がいくの？　という子です。憲法の授業で人権の話をしていると、ふと『天皇に人権あるの？』『天皇に選挙権はあるの？』と訊く子がいました。麻布っぽいですね。素朴で子どもらしい発想力があって、そしてそれが本質を突いている。この内容は大学で学ぶような事柄です」

一般に社会科の試験は暗記にかたよりがちだが、麻布は考えさせる問題が多いため、岡本さんは討論式の授業で題材にとりあげることが多いという。

「麻布の社会科の入試問題は特徴として、時代の先端を行っています。今流行《はや》りの情報社会に関することも、もう二〇年ぐらい前にそういう問題があったりして、本当にすごいなと毎回思います。それに、視点が鋭い、切り口が面白いなと思うものが非常に多い。テーマも旅に法律、教育もあれば、自転車からくることもある。そして、最後の問いに行き着くまでの設問にプロセスがあるんです。最後の問いを楽しんで取り組める子は、受かるでしょうね。受かった子は、試験がすごく楽しかったと言いますから。ひとつの事柄でも、視点を変えると違うように見えるものは、世の中にいっぱいあります。それに気づき、それぞれの立場に立って物事を考えられるようになることは、受験以外でも必要だと思うんですよ。そういう感覚を養う授業をしようと考えたときに、いちばん参考になるのが麻布の入試問題です」

こうした傾向は、同じ難関校の開成とは、明らかに問題の作りが違う。

「開成の方が明らかに努力量を見ていますね。ガツガツと一生懸命やっていると、力業が通用する、知識を問う問題が明らかに多い。麻布は、問題は面白いのですが、塾としては予想するのは難しい。子どもの特徴で言えば武蔵とも違うと思います。武蔵の方がたぶん、ひとつのことを突き詰めてやる子が多い気がします。麻布にもそういう子がいますけれど、もう少しスマートかな。サピックスのなかには『麻布武蔵コース』を設置している校舎が結構いっぱいあって、社会科の問題でも武蔵の問題は、最近は麻布に近づいている気がしないでもないんですが。でも、武蔵は素朴な感じで、かつ、こだわりがある子。麻布は、子どもの素朴さをもちつつ、大人っぽい考え方もできる子のような気がします」

特徴ある麻布の入試問題は、進路相談にも影響する。岡本さんは、

「生徒の成績が伸びてきたら駒場東邦や開成の受験を勧めることはありますが、麻布はその観点では勧めませんね。逆に麻布向きの子は偏差値が足りなくても、受験を勧めることがあります。実際、麻布にしか合格しなかったという子が例年いますから」

以前、岡本さんの生徒で一一月に入ってからピタリと塾に来なくなった生徒がいた。「もう勉強したくない。ゲームがしたい」という理由だった。岡本さんは家庭訪問して、その子とゲームをしながら語りあったという。

「本人は『麻布に行きたいけれど努力したくない』と言うんです。『いやでも全く何もしなかったら受からないよ。家で勉強しなくてもいいからとにかくサピックスには来なさい』という話をしたら、冬期講習に来るようになって、受かりました。合格するだろうと、私も思っていました。なぜかというと、授業中、その子の発言や視点が鋭いからです。入試本番でいろんな問題が出てきても、その場で対応しちゃうだろうと思いました」

この「勉強したくない」けれど「鋭い」というのが、麻布に合格する子どもの共通項のようで、岡本さんは、

「ほんと、地道な努力が嫌いな子どもが多い気がします」

と苦笑いする。

「地道な努力が嫌いというのはどういうことかというと、たとえば漢字の書き取りが嫌い。あとは字が汚い子が多い。たぶんお父さんお母さんの注意を聞く子が少ないと思います。きれいに書きなさい、と言われてもそのまま聞かない。良いように言えば自我が早くに確立されているのかもしれません。また、麻布に行きたいという子どもは、志望の意思が他の学校を目指す子どもより強い。『第一志望は麻布』と決めたら、頑として動かない。たぶん何か共鳴するもの、自分が行きたいのはここだ、という感覚的なものがあって、子どものなかで簡単に離れないんだと思います。保護者との面談でも、『うちの子どもは麻布と言って聞かない。どうしましょうか』という風におっしゃる方が多い。親はいろいろ選びたいんだけれど、本人が言うからしょうがない。偏差値が上がって開成が望めるようになっても、麻布の子は麻布ですね」

——逆に、学力は足りていても麻布は止《や》めなさい、という子どももいますか。

「います。物事を素直にしか受けとれない子。言われたことに疑問をもつこともなく、そのまま受けとっちゃう子どもですね。もちろん、それでも行きたい子を止めることはしないので訓練していくのですが、なかなかうまくいかないときもあります」

——いわゆる「秀才」タイプというより、「天才」タイプが向いている？

「多少はそうかもしれませんが、子どもって先天的にみんな好奇心をもっていると思うんですよ。それが家庭環境のなかで『これやりなさい、あれやりなさい』と言われている子どもは、自分の疑問をあと回しにする癖がつく。でも、逆に家庭でいろんなことをお父さんと一緒に調べている子どももいる。そういうことだと思うんですよね」

この岡本さんの指摘がグサッと胸に刺さるご家庭も多いのではないか。

「親御さんが麻布を志望する理由は東大進学というより、ノビノビとした校風に賛同するからだと思います。ある意味、汲々《きゅうきゅう》としていない。自由放任じゃないですが、うまく子どもを転がしている雰囲気があります。受験校選びでも、本人の意思を尊重するご家庭が多い。どうしても中学受験は親御さん主導のご家庭が多いと思うのですが、麻布志望の子は、最終的に自分で決めている」

ちなみに麻布の併願校として挙げられるのは、栄光学園、聖光学院、攻玉社、渋谷教育学園渋谷、海城など。前述したように「麻布だけ合格」というパターンも珍しくないとか。

「開成受験者にはあまりないパターンです。麻布だけ合格という子どもは、麻布に力を使い尽くすんじゃないでしょうか（笑）。全ての力を使ってあとは気が抜けちゃうのかな。麻布だけで『もういいや』って。メンタルな部分がすごくあると思います」

漢字で「岡本夏生《なつき》」と書ける小学生

全国展開している大手学習塾の「栄光ゼミナール」は、「御三家対策講座麻布コース」を設置している。その責任者で算数科担当の鈴木直哉さんは、麻布出身だ。現役時代はいかにも「麻布らしい」生徒だったようで、

「高三のとき僕が尊敬していた数学の先生の最後の授業でした。みんなと何をするか相談して、肉を五キロ買って先生が教室に入ってきた途端にすき焼きパーティにしたら、怒って帰っちゃった。あとから謝りにいきました。すき焼きと卵もつけて」

こういう「先輩」なので、「後輩候補生」の奇抜な行動を見る目も温かく優しい。

「初めて麻布コースの授業に来たとき、筆箱を持ってきていない子がいたんです。鞄のなかを探すと、短い小さな鉛筆が入っている。それはお母さんから止めなさいと言われても、彼のなかには、鉛筆は短いのがカッコイイ、みたいな認識があるんですね。変なこだわりとか、これは面白い、と思ったらやってみるというのが麻布を受ける子の特徴ですね。授業でも赤血球の話をしていて『血液一立方ミリメートルのなかに五〇〇万個入っているんだよ』と話したときに、『へえ』と言ってノートに書いて覚えるのが開成志望の子。『先生、

どうやって数えたんですか』とパッと手を挙げて質問するのが麻布志望の子。でもその質問って、いいところを突いていて、そこから濃度の概念とかの説明が始められるんです。麻布志望がひとりいると話が広がります」

鈴木さんから聞いた麻布志望の子どもの奇抜な行動エピソード集で、とりわけ私が好きなのがこれだ。

ある国語の授業で、

《「まくしたてる」を使って短文を作りなさい》

という課題が出た。その子が作った文章は、

《岡本夏生がテレビ番組で年収五〇〇〇万円のときと〇円のときがあったとまくしたてていた》

鈴木さんは大笑いした。

「そんなこと普通書かないじゃないですか。なんで一一歳の男の子が岡本夏生って漢字で書けるんだよ（笑）。なんなんだこいつって（笑）。そういうのは麻布クラスに呼びます。そしてたぶんあの子は受かります（笑）」

鈴木さんは麻布の入試問題に強いメッセージを感じるという。

「子どもたちに中学高校で刺激を受けてほしいし、反対に生徒から教員にも刺激を与えてほしいという欲求が、なんとなく入試問題から読みとれるんですね。人が成長するためにはお互い刺激しあうことが大切で、そのために必要なツールが言葉だよ、という気持ちを非常に強くもっている」

その端的な例が、算数の問題だ。前出の平先生も認めていたが、麻布の入試問題は最初の問いから徐々に段階を踏んでいって、最後の大問題（いちばん難しい問題）にたどり着くように構成されている。

「どの教科にもその傾向があって、いちばんよく表れているのが算数の誘導形式なんですね。今年（二〇一一年）の入試問題、最後の図形問題で僕は感動しましたもん。問一が問三の伏線になっていて、一を解いて二を解いて、三でどうしようかと悩んでいるときに、よくよく考えたら、さっき一でやったこの作業を使ってくれ、ということになっていて、美しい。麻布の問題からは、数は多いけれど、誘導に気づいてくれたら時間内に終わるからね、というメッセージが見えます。算数は、出題者が教科書を見て考えているのかな？　塾のふだんの授業では、あの手の問題は出てきません。図形は、それこそ出題センスの塊のような問題なんですが、与えられた条件をきちんと整理して、手順をある程度踏んでいけば点がとれるようになっています。でも、他の学校の入試問題では定番になっているような立体図形の切断問題なんかはまず出さないですね。うん、『定番』は出ない。塾のテキストによく載っているような問題もそのままでは出ない。だから麻布の問題の雰囲気を知るためには過去問に触れるしかありません」

「栄光ゼミナール」では内部テストや外部模試の結果によって、偏差値に応じてピラミッド状に受講できる講座を決定していく。トップが開成ゼミで、そこに入れる偏差値が認定されれば開成・麻布・武蔵のどのゼミに入ってもよい。麻布ゼミは二クラスの編成（取材当時）で、上位の一クラスは、ほぼ全員合格するという。

「偏差値で振りわけるんですが、開成ゼミに入れる偏差値があっても麻布に行きたい子は麻布ゼミに行きます。逆に模試で合格率が三〇パーセント程度しかなくても、我々の主観で麻布向きと考えれば、麻布ゼミをお勧めする場合もあります。それが麻布ゼミの特徴かな。麻布が好きなお母さんは本当に好きなんです。『文化祭全部行っちゃいました』とか。逆に文化祭を見て『うちは絶対に無理』という方もいます」

開成と麻布ではクラスの雰囲気、子どもの気質もやはり違う。

「開成ゼミでは『大人であること』が要求されていると思います。四教科のバランスがあって、どこかに大きな弱点があれば受からない。どこの教室にいても『あの子はすごいよね』と一目置かれたり、勉強することが趣味になっているような子どもです。麻布は何もかもできる子でなくても、クセのある何かがあれば受け入れてもらえるのかな、という色は若干感じますね」

そしてここでも、「サピックス」と同じ麻布受験生の特徴を聞いた。「麻布しか合格しない子がいる」「地道な努力が嫌い」である。

「大声で言えませんが、麻布しか受からない子どもはすっごい多いです（笑）。想いの強さが結構反映する学校かもしれませんね。地頭のよさと書く力、センスを拾ってくれるのかもしれません。とにかくちゃんと勉強できないし、努力することができない（笑）。できる子もいます。もちろん。何度注意しても計算ミスが直らない子がいたんですが、その子が計算ミスする理由は『途中で興味がなくなるから』でした。むしろ麻布みたいな問題だと面白いから、ちゃんと計算してくる。楽しさがそこにあるといつもはない能力を発揮するんですね」

地頭はよいのだが（よいからこそ?）、勉強する姿勢にむらっ気があるというのは、麻布の生徒に共通するところなのかもしれない。

麻布の入試問題について取材していて、私が感じ入ったのは「部分点」の存在だ。ばらつきが出るとただちに討議に入って互いの国語観をぶつけあう国語。とっちらかった数字や言葉を丹念に追っていく算数。どちらも正解よりも、むしろ考えていく過程に注目している。テストは減点主義、選抜試験はふるい落としというのが「常識」だが、麻布の先生たちがやっているのは子どもを肯定的にとらえる加点主義だった。そしてそれは、入るときだけではなく、学園生活にも貫かれていた。

【麻布のOB　その1】与謝野 馨《かおる》さん（政治家、元財務大臣　一九五七年卒）

僕は麻布中学に入学したあと父親の転勤に伴い海外で四年近く過ごし、高校生で一年落第する形で麻布に復学しているんです。復学したクラスには平沼赳夫《たけお》（元通産大臣）がいました。僕のなかでは麻布の同級生は復学したあとのクラスより、入学したときのクラスへの想いが強いですね。

今は秀才学校のようですが、当時の麻布は近所の学校のイメージ。東大に行きたいというより、近くにあるから受けてみるか、みたいな感じで、今の中学受験とはかなり様相が違います。学校の雰囲気も冬夏の制服があって、聞き伝えでは暴力を振るったり喫煙すると退学。今言われるような自由な校風というわけじゃなかったですね。たぶん学園紛争を境に変わっていったんじゃないですか。ただ、ガチガチに勉強しろとか、「気をつけっ」て感じで風紀の取り締まりが厳しいわけでもなかった。中一のときは「農業」という授業があって、多摩川のほとりにある農園で麦を育てたり落ち穂拾いをしたりしていました。その点は優れていましたね。あと、当時はこういう歌がありました。《前に聖心、うしろに館《やかた》、あとに控える山脇、英和、なかにそびえる麻布が白亜、麻布が丘は恋の丘》。山脇、英和の人に怒られるよ（笑）。モテたかって？　モテないからこういう歌を作るんだよ（笑）。

勉強もしなくて、最初の学期の平均点が五五点、次が六三点だったのを覚えている。お袋に「私の成績はこれですから東大は諦《あきら》めてください」って手紙を書いた。でも海外から帰ってきたら急に勉強ができるようになってたんだよ。向こうの学校では英語で授業を受けてて、英語は主語と述語とか論理的な言葉だから数学の証明なんか明快でわかりやすいんだよね。ただ漢文、古文がさっぱりで、一年浪人して東大の文一に入りました。東大の授業はつまらなかったなあ。教養学部って、高校の復習みたいな授業だった。それだけ麻布の授業のレベルが高かったということかもしれない。

麻布出身の政治家の集まりで「麻立会」というのがあるんです。橋本龍太郎、福田康夫とかだいたい二世が多いんですが、僕と平沼は地盤なしの腕一本で政治家になった。選挙になると中学時代の同級生が応援してくれた。みんなで一年に一回くらい安い中華料理を食いにいくんだけれど、お互いの気持ちがあの時代の話に戻って楽しいよね。

第二章　麻布の生徒は何を考えているのか

ある日の休み時間

勉強時間、親の学歴から彼女まで――アンケートで見る生徒の姿

この章では麻布の生徒たちを取材した結果から、超進学校に通う彼らのナマの姿を紹介したい。取材方法はまずアンケートを実施し、さらに希望者を募って個別に短いインタビューを行った。対象は高校一年生の一クラスで、アンケートの回収数は四一名、インタビューは九名である。

アンケートの質問は全部で二〇項目。全て匿名で、記述式。質問に無回答のものもあった。以下、質問と回答例の多かったもの、内容などを紹介していく。

Q1　麻布学園を志望した理由は何ですか。時期もお願いします。

①小学校五年生……一三人　②同六年生……六人　③同四年生……四人

「小五の夏、図書館が大きかったから」「小五から、自由だから」「小五、文化祭を見てここだ！　と思った。レベルもよかった」「小五、文化祭が楽しそうだったから」「小五。運動会を見てひと目惚《ぼ》れした」「小五。先生に勧められて文化祭を見にいったら面白かった」「小五のときに偏差値と塾と相談の結果、なし崩し的に」「小六になっ

たころ。アメリカンフットボール部があるという点に惹《ひ》かれました」「小六の夏。それまで志望していた学校の魅力が見いだせなくなり、当時国語が得意だったために、入試において国語など筆力に特化した麻布を志望しました」「小四ぐらい。制服でなく私服で自由だから」「小学四年か五年。中学高校で学業以外のことに集中したかった。将来できないから」「ぶっちゃけ渋幕（渋谷教育学園幕張）志望だったが、うっかり受かって面白そうだから来た」「入試の出題傾向が自分にあっていたから」

動機として多い「文化祭」は派手で賑《にぎ》やかだからだろうか。最近は逆にあまりの騒々しさにひいてしまう子どもも多いそうだ。また「親や塾が勧めるより本人が希望する割合が非常に多い」（塾関係者）という言葉通り、自ら選んできた生徒が多いのも面白い。

Q2　家族・兄弟に麻布学園の卒業生・在校生はいますか。

①いない・無回答……四〇人　②弟がいる……一人

これと関連して、麻布中学の合格発表時に合格者の保護者にも同様の取材をした。三〇人程度のうち麻布出身の祖父がいる、というひとり以外、あとは全員家族・兄弟に出身者はいなかった。また偶然かもしれないが保護者のほとんどが公立校出身者だった。「自分が公立なのになぜ子どもを私立に行かせようと思ったのか」という問いには「この学校だけは魅力を感じたから」という答えがほとんどだった。

Q3　併願校とその合否を教えてください。

合格

①渋谷教育学園幕張……九人　②浅野、市川、海城……各六人　③早稲田、栄光学園、攻玉社……各五人　以上が人数が多かったベスト三で、他に函館ラサール／東邦大学附属東邦／渋谷教育学園渋谷／聖光／西大和学園／城北／栄東／筑波大学附属駒場／開智／立教新座／学芸大学附属世田谷／暁星／巣鴨／明大付属明治／本郷／江戸川取手／世田谷学園／土佐塾／学習院／青山学院／西武文理／那須高原海城／東農大附属／鹿児島ラサール

不合格

①筑波大学附属駒場、栄光……各四人　②西大和学園……二人　他に渋谷教育学園渋谷／海城／攻玉社／浅野／早稲田／栄東（東大クラス）／芝／函館ラサール

北海道や奈良の学校を受験しているのは、実際に進学を考えているというより、東京に

も試験会場が設けられるので一種の「力試し」のようだ。興味深いのは偏差値トップ校の筑波大学附属駒場に合格しながらも麻布に進学した生徒がふたりいたこと。偏差値や進学実績より「校風」を重視したのだろうか。

Q4　麻布学園でいちばん好きなところ・嫌いなところは何ですか。

＊代表的な意見を抜粋。ひとりの意見を「好きなところ／嫌いなところ」とまとめて表記。

「自由で楽しい／自由すぎて感覚がずれる」「制服がない／土曜日も授業がある」「変わった奴がいる／面倒くさい人もいる」「好きなことに周りを気にせず打ち込める／男子校」「いるだけで幸せ／汚いところ」「自由なところ／周りが頭よすぎ」「いろいろと生徒主導であること／意外とみんな成績を気にすること」「よい先生が多くて自由にやらせてくれる／汚い」「自由奔放なところ／みんながみんなに寛容なところ」「知りたいことを追究できる環境／モラルと常識がない」「共通の趣味をもつ人が多い。学校での時間の過ごし方と時間に縛られないところ（授業のサボりも含めて）／ない」「自由なところ／自由がいきすぎてみんな勝手なことをしているところ」「規則に縛られない／自主勉強が必要」「他人に迷惑をかけなければそれぞれ自分が好きなことがやれる／進学校などところ」「宿題がない／宿題がない」「愉快なところ／常識が外れすぎているところ」「緩いところ／汚い」「たくさんの『したいこと』ができるところ！／なし」「自由な校風／なんでもやりすぎなところ」「何をやっても制限がない、縛られない／自分たちが特別だと信じている生徒が多いところ」「勉強しないでいいところ／なんでもありなところ」

「自由」を満喫しつつも、「自由すぎる」ところに若干の不満がある。あと「汚い」と感じるなら教室でゴミぐらいゴミ箱に捨てればいいのにと思う。

Q5　お父さんとお母さんの最終学歴をできるだけ詳しく教えてください（○○大学経済学部卒業、など）。

*回答のあったものを「父親／母親」の順で表記。

「名古屋大学法学部／同大理学部」「関東学院大学／短大」「母は昭和大学薬学部」「父は高知大学医学部」「京大／東洋大」「東大理科二類／青山学院大学」「大阪大学／音大」「中央大／千葉大学薬学部」「早稲田大学理工学部／明治薬科大学」「東大経済学部／青山学院大学経営学部」「両親とも慶応大理工学部」「父は東大経済学部」「横

浜国立大学／筑波大学法学部」「父は東北大」「慶応大学医学部／武蔵野音大」「父は早稲田大学」「東京理科大学／お茶の水女子大学理学部物理学科」「双方しがない大学卒」「東京経済大学／高卒」「一橋大学／学習院大学」

やはり東京大学出身者が多かったが、意外にも「親の学歴は知らない」「答えたくない」と回答した生徒が二〇人と多かった。また薬学部出身の母親が多いのも不思議だ。

Q６　お父さんとお母さんの職業を教えてください（建設会社勤務、外科医、など）。

父親の職業で「会社員」以外に多かったのは「医者」で三人。大学教授・研究者が二人。母親は「専業主婦（パート勤務含む）」という回答がもっとも多く一九人いた。

Q７　一日の勉強時間はどのくらいですか（授業以外で、試験前を除く）。

①「三〇分くらい」……八人　②「ゼロ時間」「一時間」……七人

あとは「二時間」「一〇分」など回答がバラついた。「勉強？　なにそれ美味《おい》しいの？」という回答もあった。意外というか予想通りというか、家庭での勉強時間は少ない。

Q8　現時点での志望大学を詳しく教えてください（○○大学経済学部など）。
Q9　なぜ、その大学を志望するのか理由を教えてください。
＊ふたつの質問をあわせて「志望大学／理由」として表記。

①東京大学……二〇人　②医学部……三人

「東大理科Ⅱ類／理系に興味あるから」「東大／アメフトが強い」「東大／東大だから」「東大理科二類か筑波大学医学部／設備がよくて研究できそうだから」「東大文科三類／好きな社会科を日本の最高学府で学びたい」「東大ならどこでも／周りが入るから」「東大／ひとまずよい大学だから」「東大と言わざるを得ない」「東大法学部／自分のやりたい仕事をするのにはこの大学のこの学部がよいから。最高学府に憧《あこが》れている」「東大理科一類／研究の場としての環境のよさ」「東大文学部／自由に自分の興味趣味を学べ、夢も叶《かな》えられそうだから」「東大か一橋大学／周りの空気」「東大か京大の文学部／哲学がやりたいから。面白い人間が多そうだから」「東大理科三類／つぶしが利くから。これからのグローバル社会で、ネームバリューはさらに価値を帯びそう」「東京医科歯科大学／医師になりたい」「早稲田大学政経学部／麻布の教師になるため」「うーんとりあえず京大／選択の幅を保ちたい」「一橋大学／東大は無理だから」

とりあえず雰囲気的に東大と言っておく、という回答が多いのは超進学校ならではだろう。そのなかでもしっかりした志望動機をすでにもっている生徒がいるのが面白い。

Q10　将来の進路について、できるだけ詳しく教えてください。

「医師、医療関係」と答えた生徒が六人いた以外は、回答がばらついた。

「『ファミコン通信』編集者か医者」「警察関係の仕事」「どこかの公的機関で働く」「自分が愛する人を養えるだけの金がもらえる仕事。正直、今に全力なので将来のことは知らない」「子どものときからの夢はお笑い芸人なんですが、無理なので今は特になし」「声優」「外交官から衆議院議員」「大学研究職か麻布の教員」「マスコミ関係」「NHKでドキュメンタリーを作る」

一見荒唐《こうとう》無稽《むけい》に見える進路でも、この学校の生徒なら叶えてしまう可能性もある。マスコミに興味のある生徒が今の時代にいることが私には嬉しかったが。

Q11　今ガールフレンドはいますか、過去にいたことはありますか。

Q12　ガールフレンドはどこの学校ですか。

「いる／過去にいた」と答えた生徒が五人で、あとは「いない」か無回答だった。

「います。告白しました」「女に嫌われる人間です。フフフ」「机のなかにもベッドの下にもいない」「察して」「今はなし。昔はバリバリ」

教室でアンケートを実施したとき、もっとも紛糾したのがこの項目だった。最前列の生徒から手が挙がった。

「質問があります。二次元の彼女は彼女に入りますか」

「えっ？　ああ漫画とかアニメってこと？」

「（頷《うなず》く）」

「ノーカウントで!!」

「ああっ俺、彼女いなくなった！」「俺も！」

文化祭の雰囲気から派手な交際を期待して設けた質問だったが、正直、寂しい結果に終わった。しかし興味がないわけがなく、後述する公立校のイメージについての回答とあわせると、彼らの魂の叫びが聞こえてくるようだ。

Q13　麻布のOBで誇りに思う人を挙げてください（複数回答可）。

①氷上信廣校長……三人　②チンイツ、宮台真司（社会学者）、谷垣禎一《さだかず》（元自民党総裁）……各二人

他に回答例として医師の芹澤徹氏、創設者の江原素六氏、脚本家の戸田山雅司氏、競馬ライターの須田鷹雄氏、作家の安部譲二氏の名前を挙げる生徒もいた。「チンイツ」氏とは、麻布の現役教師の鈴木清一氏（英語科）のことで、伝統的にニックネームで呼ばれている。

Q14　塾・予備校に通っていますか（週何回・何時間）。

①「通っていない」……一二人　②「週三回・合計九時間」……六人　③「週二回・合計六時間」……五人

麻布の生徒は「学校では友だちと遊ぶ。勉強は塾で」と考える生徒が多く、家庭学習の少なさを塾で補っているようだ。

Q15　麻布じゃなかったら、他のどこの高校に通っていたと思いますか。

「栄光」「公立」「渋幕」「考えられません」……各四人、他は回答が割れた。

「公立」を挙げた生徒が多いのが意外だった。他の私立に行くぐらいなら共学の公立か、麻布以外ならどこでもいい、ということらしい。

Q16　公立の中学・高校にどんなイメージがありますか。

①男女共学で楽しいイメージ……九人　②怖そう、規則が多くて厳しい……各七人

「楽しい。男女共学」「女子がいる」「高確率でつきあっている。及び経験がある」「いじめられる」「ヤンキー多い。怖い」「公立に麻布ほどの自由は存在しなくて、それ故に反動で怖い人ばかり出てきて怖い」「麻布に暴力を足した感じ」「世紀末」「できる人はできるけれど、できない人も多い」「自由闊達《かったつ》。学力の二極化」「国の色に染められる牢屋《ろうや》」「秩序がある」「悪くはないんだろうけれど麻布よりもっと冷たい気がする」「厳しい」「できる人は自分よりできる」「自転車通学でバッグを背負っている」

端的に言うと不良と女の子がいるのが公立のイメージのようだ。女の子の存在に憧れを抱きつつも、荒れた学校という先入観があるらしい。

Q17　将来結婚して子どもができたら、麻布に入れたいですか。

①はい……九人　②子どもが希望すれば、いいえ・微妙……各八人

「子どもの進路にあまり口を出したくない」「どっちでも」「結婚したくない」「積極的には入れたくない」「絶対に勧めないけど止めない」「その子の入りたい学校に入れたいです」

自分は麻布が好きなんだけれど、校風の個性が強いので相性があると考える生徒が多いようだ。

Q18「麻布らしさ」とは何だと思いますか。

＊主な回答を列挙する。

「基本何でもOK」「枠にはまらない」「はき違えた自由、なぜか自治にこだわるところ」「なごやかと思いきややばい」「何事にも遊び心を忘れないこと。真面目《まじめ》なときは先入観をなくすこと」「無秩序」「勉強が好きでもゲームが好きでも騒ぐのが好きでもそれを貫き通せること」「生徒が何でも自分でやろうとする気質」「勉強以外でも突出した面がある」「懐が広いところ」「個々で判断して行動すること」「自由を自分の基準ではかりながら生活していくこと」「自分の知りたいことを好きなだけ追究するこ

と」「みんなで一緒にワイワイやるところ」「多種多様な趣味、能力の高さ」「頭はよいけれど変」「自分でやるべきことは自分でやる」「生徒ひとりひとりが自分のやりたいことを他人に迷惑かけないならできて、一八〇〇人と関係をつなげる可能性があること。それこそ『自由』だと胸を張って思える」「私服、金髪」「ハイテンション。いろんな奴がいて面白い」「いろんな意味で、自分でやる」「誰もが自由に自由を手に入れる」「いろいろなことを表現する場に溢《あふ》れていること」「全ての生徒が麻布に誇りをもっている」「誰も考えない面白いことばかり考え、実際に達成してしまうこと」「自分のことは自分で決める。野放し。自主自立（できていないけれど）」「権力の側にいないところ。弱者がものを教える学校だと思う」「こういうアンケートを真面目に書かないところ」

Q19　他の学校の生徒から、麻布生はどんな風に思われていると思いますか。

＊主な回答を列挙する。

「うるさい奴」「DQN（ネットスラング）」「頭がちょっと飛んでいる」「変な奴ら」「文化祭がスゴイ。気持ち悪い」「過剰に頭よいと思われている。恐怖の対象」「汚く迷惑」

「頭よい＋少し怖い」「気持ち悪い奴」「ヤバイ・おかしい」「頭おかしい人がたくさん的な」「勉強できるスゴイ奴」「アホ、コミュ障（ネットスラング）」「みんなで固まってバカやってるな」「自由。頭がよい」「不真面目」「金髪、ナンパ、迷惑」「自由とかおかしいとか」「変なよくわからない集団。頭よい」「うるさい、理解不能」「怖いらしい」「うるさい。迷惑」

一八の質問の裏返しが一九の質問。学校のこと、自分たちのことをなかなか客観的にとらえているのではないかと思う。「怖がられている」というのは、頭の回転が早くて弁が立ち、自己主張が強くて髪の毛を染めた私服なので、塾などでそう思われているようだ。

Q20　アルバイトをしたことがあれば、その職種を教えてください。

経験がある生徒での回答は「コンビニ」が三人の他、「郵便局の年賀状仕分け」「単発での家庭教師」「本屋で本の整理」「ファミレスの調理と接客」など。

進学校なのにアルバイト経験がある生徒がいたのは意外である。

続いて、個別のインタビューを行った。

A君　声優志望のアニメ好き「いちばん好きなアニメ、訊いちゃいますか？」

――「尊敬するOB」に脚本家の戸田山雅司さんを挙げていますね。

「僕は演劇部で、一度学校に講演にいらしたときに話をする機会があったんです。それで『将来演劇関係の仕事を目指したいんですが、お金とかの面でキツイものありますよね』って訊いたら、『確かに生活は辛《つら》いけど、それがやりたいことを止めるストッパーになることはないでしょう？』って言われて、おお！　夢に生きてるな！　という感じがして尊敬するようになりました」

――「将来の志望」が「声優」。脚本家じゃないんだ。

「この夏前に脚本を書いたら、仲間からボロクソに言われまして、もういいやって（笑）。もう黒歴史です（笑）。声優は声だけで演技するのがすごいと思いました」

――声優志望なんだけれど、「志望大学」は東京大学ですね。

「ま、東大はちょっと高望みすぎかなとは思うんですけど、やっぱり演技ってわりと人生経験につながってる部分あるかなぁとか思うし、大学は普通のとこ出といた方が、専門すぎる学校よりはオールマイティにやっておくべきかな、みたいなことですね。あと、学費の面もありまして、やっぱり国立じゃないとキツイかなって思って……。大学っていうものにあんまり魅力を感じてないんで……魅力あるとしたら学歴だけなんで、だったら東大入んないと意味ないんじゃないかなと思って」

——でも君は「一日の勉強時間」が「ゼロ」って書いている。それで定期考査とか大丈夫なんですか。

「いやただ、授業聞いてテスト前勉強するので、まぁ定期テストはだいたいはとれるんです」

——なんで勉強しないんですか。

「それはもう青春を満喫したいからですよ」

——学校生活が充実してる？

「まあそうですね。他の学校の状況とか聞くと、やはり麻布は自由だなと思います」

——よく他校の生徒さんと学校を比べたりするんですか。

「小学校の同級生で私立に行った友だちと話をします。そういう人たちに麻布の現状を話すと驚かれますね、だいたい。たとえば遅刻とか当たり前みたいに言うと、まず論外だと（笑）」

――そりゃそうだ（笑）。声優志望だとアニメをよく見るんですか。

「いろいろあるんですけど」

――いちばん好きなの。

「いちばん好きなのを訊いちゃいますか」

――ええ（笑）。

「『エンジェルビーツ』って言われてもわかりますか？」

――ごめん、わかんないや。

「他の学校の子から聞いた話だと、麻布生はわりとアニメを見ている人が多い方だと思いますね」

――雑誌とかは読みますか。

「『少年ジャンプ』なら買ってる人は結構いますけど。僕は『声優アニメディア』を立ち読みしているぐらいです。『ジャンプ』も自分で買わなくても教室のどっかから出てくるんで」

――教室、汚かったね……。

「ああ、でもわりと過去のなかではきれいな方です。どっかのクラスだと、ゴミ箱の倍くらいの高さまでゴミ積みあがってましたから」

B君「彼女が告白してきて『あ、嬉しい』なんて（笑）」

――「志望大学」について「東大と言わざるを得ない」って書いていますが、これはどういう意味ですか。

「言わざるを得ないんです。やっぱり麻布に入ったから。親も期待するし。でも僕は芸大でもいいかなって思う（笑）」

――芸大？　それはなぜ？

「僕、デッサンが得意なんですよ。それで美術の先生からも『ちょっとお前、芸大に行ってくれよ』と言われまして。絵を描くのが好きなのでそれもいいかなとは考えています」

――あっ君は彼女がいるんだ。きっかけは？

「僕はSNSサイトで交流をはかるのが趣味で（笑）、中二ぐらいからミクシィとかグリーとかでいろんな人と交流していたんです。そこでスカイプで話すぐらいにまでなった高校生の女の子がいて、その子とオフ会で実際に会ったりしているうちに、彼女が告白してきて、『あ、嬉しい』なんて（笑）。若気の至りです」

――ファミリーレストランでアルバイトもしているんですね。

「高一の夏休み終わりぐらいから、二、三カ月ぐらいです」

――なぜやってみようと思ったんですか。

「僕はおこづかいがなくて昼にもらえる弁当代だけなんで、食べずにそれを貯めていたんです。でも先ほどの彼女とのオフ会で、それをボンボンボンボンと使い果たしてしまいまして（笑）。それでバイトしようと思ったんです」

――経験してどうでしたか。

「大変だなって思いました。調理は結構簡単なんですけど、接客だとやっぱりお客様相手なんで……『あっあっ』てなって、とりあえず店長呼ぶことが多かったですね」

――またやってみたいですか。

「うーん、ちょっとファミレスは勘弁ですね（笑）」

C君　政治家志望「今の日本を変えたい」

――「将来の進路」で「外交官から衆議院議員」と書いていますが、理由を教えてください。

「外交官というのは、国際交流に興味があることと、政治家というのは今の日本を変えたいと思ったからです」

――何かきっかけがあるんですか。

「中学生のころ、教育系企業が主催する講演会に行ったんです。ノーベル平和賞をとったムハマド・ユヌスさん（バングラデシュのグラミン銀行創設者）のお話だったんですが、ユヌスさんが日本について『憧れるような元気な国だ』と印象を言ったら、主催者の人が『この子たちは元気な日本を知らない世代なんです』と返事をしたのが、僕にはすごくショックだったんです」

――そう言われてどう思いましたか。

「正直寂しいですし、テレビで昔と今の若者を比較したときも、昔の若者はすごい華やかで上を目指していたけれど、今の若者はすごい安定志向と紹介される。僕自身その見方は正しいと思うのですが、それもちょっと寂しい。やっぱり元気な国でありたいし。国際交流で外国の方と話すときも、日本は進んでいてすごくいい国に住んでいると言われて、ギャップを感じます。この二〇年間ぐらいずっと停滞した感じじゃないですか。いつまでも抜けだせないのはなんでかなと考えていたら政治にも興味が出てきて、外交と経済をやりたくて政治家と書きました」

――具体的な政策とか考えていますか。

「内政的には道州制を導入すべきで、国際的には移民を受け入れるべきだと考えています」

――外国の方と話す機会があるんですか。

「中三の夏に国際交流のイベントでガーナから来た留学生の人と知りあいになったんです。初めて英語を使ったコミュニケーションが楽しくて、それから外国の方との交流が好きになりました。そのガーナの人と有栖川《ありすがわ》公園を歩いていたらたまたま七〇歳ぐらいの男性に話しかけられて、その人がガーナで事業をしていた人でした。それで今度はその人のつながりで国連で働いている日本人の方を紹介してもらったり……」

――君、すごいねえ。

「僕はいろんな人と話すのが好きなんです。このインタビューもそれで受けてみようと手を挙げました」

――学校内でも何か活動してる？

「文実（文化祭実行委員会）に入っています。文化祭で、麻布のよさをみんなに知ってもらうようなトークライブがしたいんですよ。今、麻布の受験者数が減っているから、増えるように僕らも努力したいと考えています」

D君　競走馬に憧れる男子校派「僕はオルフェーヴルって馬が好きです」

――「尊敬するＯＢ」として、競馬ライターの方を挙げていますね。競馬が好きなんですか。

「その方はたまたま『東京スポーツ』で書いているのを見て興味をもちました。馬券は買えませんが、見るのは好きです」

――高校生の君がどういうところに魅力を感じるのですか。

「今こうパッて語れる感じじゃないですけど、やっぱひとつの馬を好きになって、その応援に熱中できることっていうのが僕のなかにはあんまりなかったんで、結構魅力的なものでした」

――馬の走るところが好きとか？

「そうですね。競馬やってる人にしかわかんないですけど、先行したとか、あ、出遅れたみたいな、そういうレースの数分のなかでのドラマっていうのに惚れたとこもあります。馬にひと目惚れもします」

――好きな馬がいるんですか。

「僕はオルフェーヴルっていう馬が好きです。デビューするころ、二歳ぐらいから注目してた馬で、三歳になってからダービー……ダービーってわかりますよね？　ダービーに勝ったりして結構活躍したんですよ。ドリームジャーニーの弟なんですけど……ドリームジャーニーって名前は聞いたことあると思いますけど……その弟だっていうので注目してたら、もう今の日本競馬のなかでいちばん強い馬って言われてましたて。ひと目惚れした馬が活躍してくれてすごい興奮を覚えました」

――すごい知識ですね。「志望大学」が東大理科一類で、「将来の進路」が研究者。

「福岡伸一さんが書いた『生物と無生物のあいだ』っていう本があって、そこで福岡さんがアメリカとかで過ごした研究人生とか書いていて、あ、こういうのもいいなっていうのがありました。今思いつきました」

――どんな分野の研究者になりたいんですか。

「数学とか、物理、化学です。好きなことやってお金をもらえるっていうのがいい……と言うと、語弊があるかな……。海外で研究者をしてみたいというのも思ってます」

――「公立のイメージ」について「数学の進度が遅い」って（笑）。他の生徒さんは「共学」を挙げる人が多かったけどね。

「いや僕は男子校に入ってよかったと思っているんですよ。仮に共学に自分がいたら、外見とか細かいことをネチネチ気にしてたと思うんです。そういう飾ろうとする自分じゃなくて、自然体で生きられるのは幸せじゃないかと思っています」

――僕は公立の共学だったけれど、一緒に下校したりする青春もいいと思わない？

「青春は恋だけじゃない」

E君「公立は怖い」という記者志望

（着席する前に大手新聞の「ジュニア記者」の肩書が入った名刺を差し出す）

――へえ、こういうことやっているんだ。

「はい、させていただいてます。麻布に入ったときに人に勧められて、筆記試験とか受けて合格しました」

――「将来の進路」にマスコミ関係とあるのは、これと関係しているのかな。

「理科が苦手で（笑）、文系ならどういう職業があるかなと考えたら、これもやってるし、マスコミ関係の仕事が性にあってるかなと思いました」

――でも君らの世代ってマスコミの評判はよくないでしょう。「マスゴミ」って言うし。

「いや、僕もそれがすごい気になってて……なんでだろうと思います。僕はあんまりそう思わないですけど、自分が就きたい職業が嫌われてたら、何か嫌ですよね」

――君の周りの反応もマスコミに批判的ですか。

「修論（高一で書く社会科基礎課程修了論文。後出）で一応マスコミのことを書いたんですけれど、そのときみんなの話を聞いたら『終わってるよねー』みたいなこと、もう当たり前のように言うんですよ。確固たる根拠があって言ってる人もいれば、適当に『いやぁ、もう終わってるから』みたいに言う人も」

――「オワコン」（ネットスラング。「終わったコンテンツ」の意味）とかね（笑）。

「そうですよねー。マスゴミとか、え、そんなん言うかー？　と思う」

――修論はどんなことを書いたんですか。

「テーマはメディアリテラシーとソーシャルメディアについて。あと震災もちょっと絡めて書いたんですけど、あんまり納得はいかなかったかな。それで先生からさらに発展した論文をまた書けと言われているんですが、もし書くとなったら協力してもらえませんか」

――メチャメチャ協力しますよ（笑）。「公立のイメージ」が「怖い人がいる」と書いていますが、イジメのイメージですか。

「いや、地元の公立中学に進んだ友だちから、『今〇〇中学と××中学が戦っている』とか聞いて、戦うとかあるんだと思って……」

――荒れているイメージですか。

「麻布も荒れていますが、ベクトルが違いますよね」

――なんかこう、『北斗の拳《けん》』で出てくるモヒカンでトゲトゲがついたジャンパー着た人たちを想像するんでしょ？

「（頷く）『魁《さきがけ》!!　男塾』的な、なんかあるとすぐバット持って、みたいな」

――いねぇよ、そんな奴！（笑）。


F君　理想の彼女は二次元「彼女は、いたら邪魔になるんじゃないかな」

――「麻布を志望した理由」が文化祭を見てなんですね。

「一緒に見にきていた子は『怖い』と言って受けなかったんですが、僕はいいなと思って。高校らしからぬところがあって、普通の高校ってつまらないじゃないですか。せっかく受験するなら、面白そうでいい学校に行きたかった」

——併願校の栄光は落ちているんですね。

「受ける気がなかったんですが、そうすると二月二日に受ける学校がないので。そしたらその年の問題が難問奇問ばかりで、算数と理科は白紙で『もういいや』って感じで出しました。麻布も算数が二問しか解けなくて、これは落ちたかなと思ってたら受かっていました。大問が七つぐらいあって、それぞれ小問が三つぐらいずつあって、できたのがそのうちの二問だけ。冒頭の計算問題から間違っていたんで（笑）」

——よく通ったね（笑）。

「本当に。小学校のときは理科とか理系の分野が好きだったんですが（笑）。数学は緩やかに下降して今底辺です（笑）」

——「麻布で嫌いなところ」が「やりすぎるところ」とありますが。

「若干常軌を逸しているところとか。友だちが遊び歩いて家に帰ったのが午前二時とか聞いて、『親に心配かけるのよくないよ』って注意したこともあります。他の学校の子に麻布の話をしたら『あり得ないでしょ、それやったら退学だよ』みたいなこと言われる」

——「志望大学」は東大なんだけれど、家庭での学習時間はゼロ時間だ（笑）。

「親から言われるし、正直、大学は東大しか知らないんですよ。本当に行きたい大学はないんです。まだ進路についてしっかり考えたことはないですね」

――今の学年順位はどのくらいなんですか?

「三〇〇人中二二〇とか二三〇とか、よくないです。最初は一〇〇番台だったのに気づいたら二〇〇番越えてた」

――このインタビュー、あまり成績のいい人が来ない。やたら二〇〇番台が多いな(笑)。

「この取材を受けんのほんとおバカしかいないんですね。次もたぶん二七〇番とかが来ます」

――それでなんで勉強しようと思わないのかな。

「いやあなんか、時間がないというか、帰宅するのが一〇時くらいで、そこから勉強する気になれなくて……。部活やったり、友だちとご飯食べたりしていると遅くなります。勉強は高二から始めたいと思います」

――(OBの編集者W氏が)高一でゼロ時間だった人のうち、いきなり高二から真面目に勉強始められた人はいないです!

「正直、高三でもいいやと思ってます……。塾も最近通い始めたんですが、隣の席が先輩とかで嫌ですね。でも親は私立には行ってほしくないそうです。行くなら国立と言っています」

――君はたしか、アンケートの「彼女はいますか」という質問に「二次元の彼女は彼女に入りますか」と訊ねた人だよね。その二次元というのは、ゲームですかアニメですか。

「アイマス、『アイドルマスター』です」

――なんていう女の子ですか。

「如月千早《きさらぎちはや》……そんなことまで訊かれるんですか……なんか恥ずかしいです……」

――彼女はどういうところが魅力があるの（笑）。

「いやあ（笑）……歌に対してすごくストイックで真面目なんです。（携帯を開いて、何人かの女の子のイラストを見せて）この髪の青い子です」

――ごめん、みんな顔が一緒に見える。

「みんな言うんですけれど、全然違います。彼女の誕生日にはケーキ二個買ってパソコンのモニターの前に並べて、一緒に誕生日パーティのお祝いもしました」

――誕生日パーティ!?

「親の目を盗んで、バレたら家に入れてもらえないから、ビクビクしながら（笑）。誕生日祝おうかな、みたいな（笑）」

――現実の彼女は欲しくないですか。

「口では言っているんですが、時間がないのでいたら邪魔になるんじゃないかなと思って。彼女いるぜって言いたいんですけれど、やることがいっぱいあるんで」

――見上げるこちらの首が痛くなるくらいの上から目線なんだけど（笑）、欲しいと思っても簡単にできるもんじゃないのは、わかってる？

「わかってますよ。でも時間がとられたくないんで、今はいらないですね」

――ゲームの彼女って何が楽しいのかなぁ。

「みんなに『お前はおかしい』って言われるんですけど、現実の女の子もどこかしら欠点があるじゃないですか。そういうのが嫌なんです。彼女作るなら完璧《かんぺき》な彼女が欲しいんですけど、そんなのあり得ないじゃないですか。なら、いらないっていう考え方です。『一生できない』と言われたら、『じゃあ一生できなくていいや』みたいな感じですね」

――完璧な彼女が欲しいから、ですか。

「……って言うか、妥協したくないんですよね、女の子とつきあうならば」

――でもいきなり理想の彼女を見つけるのは難しいんじゃないかな。いろんな人とつきあってだんだん理想がわかっていくものでしょう。君は練習問題を何も解かずに東大の入試に挑戦しているみたい。最初は教科書の例題から解いていくもんじゃないかしら。

「それは……嫌です。だったらもう、高卒でいいです」

――そこは譲れないところなんですね。

「あと、尻《しり》の軽い女は嫌いだっていうのが、いきすぎてるって言われてます。処女厨《ちゅう》（ネットスラング）だって（笑）」

――アイドルの握手会に行くじゃない？ あれ処女と握手したいから行くんだと思う？

「いやぁ、たぶん、その処女性を求めてる人たちが裏切られるのが、間接的に彼氏の……握った手で、アイドルはそんな汚ねぇ手で握手すんなよ、っていう思想に至っちゃってると思います」

――あ、そこまで至ってんだ。

「声優に彼氏がいたときのファンの発言に『耳に精子をかけられた気分だ』みたいなのがあって、『あーこういうこと考えるの、ある意味天才だな』とか思ったんですけど」

――最後に、逆に僕らに何か質問はありますか。

「おふた方のことがわからないんで、ないです（笑）」

G君「麻布は進学校じゃない」と主張する秀才

――（生徒の名前を聞いて）あのさ、君は勉強ができるんだよね。他の子が言ってた。

「えっ、そうなんですか」

――いきなりで失礼だけど、学年で何番くらいですか。

「二学期は十何位までいったんですが、三学期で三十何位に下がっちゃった（笑）」

――いや、でもすごいよ。やっと進学校らしい人が来たよ（笑）。アンケートの「麻布で嫌なところ」に「自分たちが特別だと信じている生徒が多いところ」と回答しているんですが、どういう意味ですか。

「何々なのは麻布生しかいない、みたいなことを、笑いながら友だちがしゃべったりして、ちょっと違和感っていうか（笑）。自分はそういう自意識みたいなのからかけ離れているので」

――それはどういう文脈で出るんですか。

「髪の色とか、どうせ他の学校だったら、たとえば『開成とかだとみんな勉強しかしてねえんだろう』みたいなことを言ったりとか。そんなに他の学校にいる人とかが凡才ばっかりっていうわけじゃなくて、そのなかにもたとえば麻布にいるような人もたくさんいるわけだし。逆に麻布にいる平凡な人って言っちゃなんですけど、普通の人もいる。で、自分も普通の方じゃないかと思ったりしてるんです」

——もしかして君がこの取材を受けてくれたのも、特別な意識をもった生徒ばかりが受けるのもアレかな、という思いですか。

「ちょっとそういう思いはありましたね」

——成績がいいのに一日の勉強時間は三〇分なんだ。

「えっ……（笑）。夏休みとかの長期休みって結構やることがなくて、塾行ったりとか、自分で勉強したり、高一の夏はほんとに勉強漬けだったんです。他にやることもないからやっちゃおうかなっていうぐらいでやってたのと、あと授業は真面目に出る主義なんで、授業と定期試験を普通に頑張ってたら、少なくとも英・国・数はできると思うんです」

——ご両親の期待は大きいのかな？

「どうなんですかね。兄弟が上にふたりいて、僕は末っ子だから期待されてるのかな。わかんないですけど」

——東大に行けとか、言われないですか。

「父親は酔っ払ってるときとか言いますね（笑）。行けるほどそんなに勉強できないよって言っても、簡単に『もう行っちゃえよ！』みたいなことを酔っ払いながら言われて、そんなもんなのかなぁって」

――それはプレッシャーになりますか。

「でも、あそこも行ったら行ったで面白そうなんで、行けたらなー、ぐらいに（笑）」

――「志望大学」が「東大文学部」と絞り込んでありますね。

「歴史学みたいなのを専攻したいんです。でも親にそれ言ったら、即座に『どうやって食ってくの』みたいなことを突っ込まれました（笑）。何も言えなかったんですけど」

――どういう歴史学ですか。

「西洋の思想史みたいなのです」

――全然詳しくないんですが、どこに魅力を感じたんですか。

「僕が今いちばんはまってるのは、フランス革命前に啓蒙主義思潮って呼ばれる時代の風潮みたいのがあったんですけど、人の考え方みたいなのが直接社会に影響を及ぼしてる時代なんじゃないかなっていうのを、調べてくうちに考えて面白くなったんです。その時代だけじゃなくて、他の時代とか他の国でもそういう同じような風潮みたいのがあるんじゃないかなって思うんですけど」

――人の思想的な営み、考え方がそのままダイレクトに反映される社会があったっていうことですか。

「はい。それこそ古代のギリシャとか、何千年も前の時代でも――フランス革命の前の時代でも――僕たちの今生きてる現代でも通用するかもしれないじゃないですか。そういう社会の形態っていうのが……。なんて言うんだろうな、説明しづらいんですけど。僕はあんまりこれからのことを考えるのが好きじゃないんです。たとえば経済学で世界経済がこうなる『かもしれない』っていう学者の予想ってありますよね。でもそれは天気予報みたいなもので、こうなるかもしれないっていう予報だけど確実にそうなるとはわからないし、その対策をしたところで変わるってわけでもない、と書いてあったのをどこかで読んで、それ以来、経済学ってやる意味ないんじゃないかなと思いました（笑）。それから、これからの現代社会のことを考えるのはあんまり……好きじゃなくなったっていうか、やる気がなくなったみたいなのがありますね」

――（アンケートを見て）あっ、ガールフレンドみたいな人がいたんだね。

「あ、ちょっと、あんまりその……突っ込まないでほしいんですけどね」

――どこで知りあったんですか。

「外部のボランティア団体みたいなのに入ってて、そこで一緒にやってた子です。でもただの女友だちです。彼女って、作る作らないの問題じゃなくて、ときめかないとダメじゃないですか」

――ときめきがなかった？

「ときめいてなかった（笑）」

――でも一七歳にしていい質問かわからないけれど、誰でもいいときもあるじゃない？

「はっはっ（笑）。結構、そういうのは純粋な心をもってるんで」

――そのボランティア団体ってどんな団体なんですか？

「中、高生だけで運営してるボランティアの団体で、あしなが学生募金のお手伝いで街頭募金したり、わりと学校の垣根とか越えてるので面白いです」

――始めた理由は何ですか。

「中三ぐらいの僕はほんとに図書館でただ本読んでるだけの生き物で、のうのうと生きていていいのかなー、と結構悩んでいたんです。そこで、その団体が主催の河川清掃という参加型のボランティアみたいなのに参加して、わりと自分のなかで決着がついたっていうのか……おっきなもんじゃなくて、身近にある友だちを助けたりとか家族助けたりとか、そういうものの積み重ねで、自分のなかのある意味で鬱々《うつうつ》とした思いみたいなのが晴れていくように感じたんです。でもどうなんですかね」

——何が？

「自分がブレてんじゃないかな、っていう風に思うときがあります。歴史学系のことをやるっていう方向なのに、そっちにも手を出して」

——高校生のころにいろんな経験をするのって、いいと思いますよ。

「いいんですかね」

——「公立のイメージ」について「健全」と答えていますが、珍しい。「怖い」と回答した子が多いんですよ。

「健全じゃないですか。男子校に通っていると、女の子が何考えてんのかわからないとか、どう接すればいいのかわからなくなるんですよ。男子校を卒業して大学に行って女の子としゃべったら、こいつは男子校卒業したなっていうのがわかるらしいんですけど（笑）。男だけの環境は、精神的に不健全な方向に育っちゃってるんじゃないかなって思うんですよ。授業をさぼって遊んだりとか、髪がぐちゃぐちゃだったりとか、そういうのってあんまり共学だったらないじゃないですか。先生がたまに『こういう場所に女の子がいたらもうちょっと教室はきれいになるし、もうちょっとみんな授業を真面目に受けるよねー』と言うので、共学は健全なんだなーっていう（笑）。思春期を男女別学で過ごすっていうのが自分的には結構、すごい不健全なんじゃないかなって思うんです」

――ここの生徒さんと話をしていて、男子校特有の「内輪ウケ」みたいなのが多いなとは感じます。

「それこそ最初に話したこととつながるんですが、麻布らしさがいちばん素晴らしいっていう考えはどうなのかなって結構思います」

――最後に何か、僕らに主張したいことってありますか。

「うーん……あ、『麻布は進学校じゃない』ということです（笑）。ほんとに思いません？他の進学校と比べて」

――それは学校のシステムとして？

「システムっていうか、全体的に。それこそ学力的な面で進学校じゃないし、授業の形式とかも全然進学校みたいな感じじゃないから、世間の評判通りの内実ではないと思う」

H君　バンド活動でモテまくり？「『普通』はカッコ悪いと思う」

——「麻布の好きなところ」で「男のみ」「気楽に学校に来れる」と書いていますね。

「気楽ですね。中学生のころは共学に憧れはあったんですが（笑）、最近はこっちの方が好きです。共学が嫌いになったんで（笑）。共学の友だちが結構できたんですけど、面白くなかったです」

——学外の活動とかやっているんですか。

「バンドで、ギターやっています。曲作ってライブハウスでやるって感じです。好きなバンドは『ガンズ・アンド・ローゼズ』とか、結構ハードなロックが好きです」

——それで「将来の進路」が「音楽産業」なんですね……で、「志望大学」が「東大」で……君も「一日の勉強時間」が「ゼロ」。ほんと一日の勉強時間ゼロって書いて、東大志望って書く子多いんだよね（笑）。矛盾はないのかっていつも思うんだけど。

「いや、まだいいかなって、へへっ（笑）」

——東大はご両親の希望なのかな。

「うーん。なんも言われてないですけど、国立に行ってほしいとは言われています。現役で国立大学に入れることが前提です」

——得意な科目は何ですか。

「生物と英語と、書道です（笑）」

——彼女について「昔はバリバリでした」。すごい。バンドやってたからモテるのかな。

「いやー、バンドはモテないですね。ただバンド仲間の子とはつきあったことがありますけれど。今は色恋沙汰《ざた》はなんもないです」

——バンド以外ではどういうところで知りあうのかな。

「文化祭に来ていて仲よくなった人の友だちです。本人じゃなくて、周りの人にいろいろ言われて……」

——「あの子あんたのこと好きよ」って感じですか。それでどう反応するの？

「なんかこの質問、嫌です（笑）」

——いや、彼女がいたっていう人が珍しいので、ちょっと深く……。

「たしかに麻布では珍しいと思います」

——どういう子だったんですか。

「小学校からお嬢様学校で、お父さんはパイロットって言ってました（笑）」

――すごい（笑）。なんで続かなかったんですか。

「他の女の人にたぶらかされました（笑）」

――あはは（笑）。何人も女の子とつきあってみて、どういう印象でしたか。

「なんか、あほくさいなって思いました」

――えっ⁉

「無知というか、うまく言えないですけれど、ものをあんまり知らないのかなって。特に小学校からエスカレーターで高校まで行くと受験していないから、まともに勉強していないと思う」

――へえ。麻布生の恋愛事情ってどうなのかな。

「あんまり面白くないと思います。そこに突っ込まれるとは思わなかった」

――わかりました（笑）。アルバイトはコンビニの経験があるんですね。

「楽器を買うお金が欲しかったので。親に頼む選択肢もあったんですけど、『何に使うのか』みたいなことを言われるかもしれないから。自由にお金使ってみたかった。結局一七万円ぐらい、楽器に使いました」

――このアンケートで僕は意外だったんですが、アルバイトしている子がそこそこいるね。

「他の学校に比べたら少ないかもしれませんが、進学校のなかでは多いかもしれません」

――コンビニのアルバイトで、お金以外に得たものはありますか。

「楽しかったです。麻布と違う人たちで、ちゃんとした人というか、麻布以外で結構初めていろんな人とかかわったので楽しかった」

――それはこの学校で純粋培養されてる自覚ができたってことですか？

「そうですね。わりと、内輪というか、なかしか見てなかったなぁって」

――具体的にどんな人がいましたか。

「ひとつ年上で高等専門学校に通っている人がいたんですが、僕の知らないことをいっぱい知っていて、すごいなと思いました。バイクにお金かけるためにバイトしていた人なんですが、最初大学生だと思ってて、自分よりひとつしか違わないと知ってびっくりした。でも、麻布生は意識高いですよ、自意識というか」

――それはどういう？

「普通というか、一般的なことがあんまり好きじゃないと思います。普通じゃないことがかっこいいって思ってる人が、僕も含めて多いと思います」

――普通はかっこ悪い？

「かっこ悪いってわけじゃないんですけど、結構個性の強い人が多いと思うんで、そういう人がいっぱいいるなかで自分が埋没しないように、ちょっと違った感じを目指してると思うんですよね」

——でもそれ、しんどくないですか。

「いや……そんなにたぶん意識してるわけじゃないんです。自然とそういう風になっていくというか、人によるとは思いますよ」

——逆に僕たちに質問はありますか。

「なんで麻布を本にしようと思ったんですか」

——変な学校だからです。

「そうですか？」

——自由で全然勉強していないのになぜか東大入るし、先生方は非常に熱心だし。東大に行くことを至上価値に置いてない進学校っていうのは非常に面白いなと思いました。

「そうですね、たしかに」

I君　権力側にいたくない「今読んでるのは『方法序説』。ベタですけどね」

（I君、取材にメモ帳を持参）

――それはどうして？

「（麻布OBの編集者W氏を指して）文学部出身でこうやって就職できてるから、どうやったのか訊きたくて（笑）」

――なるほど（笑）。

「文学部って、人生詰むイメージがあるから……」

――「将来の志望」が「NHKでドキュメンタリーを作る」と「研究社」。研究社っていうのは、出版社の？

「あっ、たぶん『者』って漢字を間違えたんだ（笑）」

――他にも銀行員の「員」が「院」になってる。君、誤字が多いね（笑）。

「だって適当に書いたんですもの」

――麻布の「志望動機」が「勉強が嫌いだから」って、勉強しないと入れない学校じゃないですか。

「嫌いなんですもん。小学校のときは今では考えられないくらいやってましたけれど。あと、中学の間ぐらいは全く勉強しなくてもよさそうじゃないかなー、みたいな」

――麻布の雰囲気は？

「やっぱ自由なところがよかった。○○（他の中高一貫校）みたいなとこ、イヤじゃないですか（笑）」

――厳しいんですか。

「学校説明会で親がもらってきた手ぬぐいに格言みたいなのが染めてあって、『えーっ』てドンびき、みたいな（笑）」

――「一日の勉強時間」が「一時間」とあるぞ。すごい。

「（ちょっと嬉しそうに）そうなんですよ。最近勉強し始めたんですよ。でも、テスト週間に入ってから勉強しなくなっちゃって。なんかおっくうになるんですよね」

――面倒くさいの？

「差し迫った目標があると現実逃避したくなるっていう……。まさにモラトリアム」

――はは。でも毎日一時間は、この取材を受けてくれた子のなかでは多い方です。

「最近、年明けてぐらいからそのぐらい勉強し始めて、毎日ちゃんとやってます。ダラダラ一時間とか」

――どんな科目を。

「チャート式数学です。数ⅠＡがもうオワタしてるので……。基礎のキからやり始めなきゃって思って……。ⅠＡぐらいはとりあえず一年の間に、二年になる前にはぐらいのことを考えています」

――お父さんとかから「勉強しなさい」と言われませんか。

「いやー、『しといた方がいいよ』って言われますけれど（笑）。ただ、『俺よりも勉強してるからなんとも言えない』みたいなことも……僕が父親の生き写しのような人間らしくて、つまり怠け者なんですね（笑）」

――彼女の名前が書いてあるんですが……またあれか、アニメの女の子か。

「ネタですね、あ、こういうノリかな、みたいな。ただ、彼女欲しいですねぇ（笑）」

――「公立のイメージ」が「女の子がいる」「ハーレム」って。

「はい（笑）」

――いいね、君、正直だね。

「あとは、クラスの同調圧力が強そう」

――あっ、それはいい指摘かもしれない。参加するのはクラス単位っていう決まりごとがあるからね。この学校にはそういうのないですからね。

「最後にはいいクラスだったなみたいに、みんなが居心地がよくなって納まるところはあるんですけれどね。クラスのなかで班を作るとかはないです」

――公立だと文化祭の演し物で班を作って、そのあと班の女の子と一緒に帰ったりとか、青春はありますね（笑）。

「（握り拳《こぶし》を固めて）ぐぐぐ（笑）」

――彼女欲しいって、はっきり言う子は初めてかも。

「彼女は欲しいですね。愛欲しいです（笑）」

――紹介とかないの？

「残念ながらないですねー（ため息）」

――どういう彼女が欲しいんですか？

「なんでもいいです」

――これはまた失礼な（笑）。

「関係性って作るもんじゃない？　みたいなことは聞いたことがあって。ま、僕なんにも知らないんですけどね（笑）」

――どういう意味？

「こういうタイプがいい、みたいなんじゃなくて、どっちかっていうとつきあったあとなんじゃね？　みたいな。なんにも知りませんけどね。なんにも知りませんけどね（笑）」

――「志望大学」が「東大か京大の文学部」で理由が「哲学がやりたいから」。なぜ？

「価値の問題を扱うからですかね。ひと言で言うと」

――どういう意味ですか。

「本物とは何か、みたいな問いってあるじゃないですか。僕はピアノ弾いてて、そういうクラシックの作品で、やっぱ本物があるから。そういう感じですかね」

――その関心っていうのは比較的昔からあったんですか？

「中二ぐらいですね。とりあえず音楽が好きになったのが中二からなんで。ピアノ弾いてましたけど、ずっと」

――哲学関連の本を読んだりしているんですか。

「今読んでるのは『方法序説』。ベタですけどね」

――面白いですか？

「面白いっつか、デカルトはやっぱすごいんだな、とは思います。やっぱ、学問作った人ですからね。数学で、何乗と数字の肩につけるじゃないですか。あれとか、そういう書き方始めたのデカルトらしいですね。そういうところとか」

――定番とはいえ『方法序説』はなかなか読まないですよね。先生に勧められたとかきっかけはあるんですか。

「いや、特にないです。ただ、ツイッターやってて、すごい哲学系とか、この人ヤバイよみたいな人をフォローしてて（笑）、やっぱすごい刺激になりますね。で、わからないものがやっぱすごい、わからないけどすごいおっきいものってあるじゃないですか。そういうものを自分の目で見たい、みたいな。音楽の作品でもやっぱり、この曲よくわかんないけど、わかんないのがやっぱすごいものっていうのは往々にしてあるから。わかんないもの、わかんなくてすごい謎なんだけど大きいものっていうものを自分で解きほぐすっていうんじゃないんですけど、了解したい、みたいな」

――そういうことを考えるっていうのは、この学校にいたからかな。

「あぁ、それはそうですね（頷く）。麻布に来なかったらなかったんじゃないかなっていう風に思います、やっぱり。この環境に来ないとこんな風にはならなかったな（笑）」

――この学校は生徒の好奇心を刺激する仕掛けがいっぱいあったりしますよね。

「そうですね、有能な奴っていうか、勉強できるだけじゃないんですけどすごい奴っているので。あと、父親が言ってたんですけど、麻布はソフト、つまりOBも含めてなかにいる人たちがいいっていう。麻布っていうのはすごいつながりがあるじゃないですか。自分は麻布にいたっていうのがやっぱり結局心のどこかで網になってるっていうか、下にあるじゃないですか。で、そういうものでやっぱり、来るんですよね、いろんな人が。講演会とか読書会みたいなので」

──外と触れあったりとか刺激が多いよね。

「それはどうかはちょっとまだよくわかんないですけど。わりと内向きなんじゃないですか、麻布は」

──たしかに外から来るにしても麻布のOBとかってことですからね。

「だから、おんなじ文法、言葉を話せる人じゃないとやっぱり、みたいなところはあると思います。麻布的ワードドレス・コミュニケーションみたいな」

──「将来の進路」が「NHKでドキュメンタリーを作る」って、なぜですか。

「いや、親から『お前、就職しろよ』って言われて、思いつく仕事がそのぐらい？」

──思いつくったって、だいぶストライクゾーン狭いじゃん（笑）。

「なんていうかな……近代の問題みたいなのにすごく興味があって。『新日本風土記』っていう番組あるじゃないですか。あれがすごくいいなと思って。人の生活に価値を見いだす、みたいな、そういう姿勢みたいなのが好きで。だから、そういう番組作りたいなって風には思います」

――「尊敬するOB」で氷上校長先生の名前を挙げていますが、これは知っている人の名前を挙げた感じですか。

「いや、ほんとに書いてますよ。氷上さんはすごい人ですよ。すごい導いてくれる存在ですよね。僕が哲学に興味もったのも、氷上さんのお父さん（氷上英廣氏。ニーチェ研究で有名）の本を読んでからなんですよ。あんな立派な人になるってすごいんだなーって思いますよ」

――「麻布らしさ」について、「権力の側にいないところ」「弱者がものを教える学校だと思う」と。権力的とは思わないけども、たとえばこの学校ってやっぱり必然的にエリートにいくじゃない？

「それはそうですね」

――そこでこう書くっていうのはどういう意味かしら。

「それでもやっぱりね……。麻布に教えにくる非常勤講師のなかにも、ポスドク（ポストドクター。博士号を取得後も常勤職を得られない者）で人生に行き詰まっている人がいるんですよ。そういう人が教えるからこそ、支配者の側からはものを教えてはいないんじゃないかなっていう風に思うんです。そりゃ、エレベーターで持ちあがってって社会の上層に入っていくんでしょうけど。『自分は君らとは階層が一個下の人間だよね』っていう風に言った先生がいたんです。それで『あーあー』ってなって」

――「あーあー」って、どういう感じ……。

「恵まれてるじゃないですか、僕らって。そういう、恵まれて要するに階級が再生産されていくなかに自分たちがいるんですけど、そんななかに下の存在っていうのがいるっていうことを自覚させられる。で、やっぱ麻布でいちばんすごいのは国語だと思うんですよ。文学って何のためって、やっぱ弱者のためじゃないですか。やっぱり弱者がいるっていうのはわかる、みたいな。上からしかものを見れない人間が上になってってっていうのを繰り返していくと、やっぱりどんどん苦しんでいくんじゃないですか」

――こういう私立の中高一貫校って、やっぱり純粋培養されてる？

「それは小学校のときにお世話になってた音楽の先生から『こうやってごっちゃに混ぜられるのは小学校だけだから』って言われました」

――それを聞いてどう思いましたか。

「あんまりよくわかんなかったです。でもやっぱミクシィとかやってると、中学出て働いてる人とかもいるから、これがそういうことなんだって思いますね。今はわかれているけれど小学校のときに一緒に学んでたんだな、一緒の教室にいたんだなっていうのはありますね」

――ほう。この学校でそういう観点の子がいるのは僕は嬉しいですね。最後に僕らに質問はありますか。

「いやぁ、文学部でどうやって就職したんですか？（笑）」


取材を終えて思ったのは、同じ学校、同じ学年、同じクラスでこんなに多様な生徒がいるのか、ということだった。高校生らしい趣味に走る子もいれば、すでに学問の入り口に立っていたり、外の世界に夢中になっている子がいる。今どきの高校生らしい口調のなかに重大な言葉が含まれていて、ハッとすることもあった。

そのなかで麻布の生徒特有のような、特徴的な言葉遣いが共通していることに気づいた。自分の考えを説明するときに「○○かもしれませんが」とか「○○という意味で」とか、あらかじめこちらの反問、ツッコミを先回りして封じるような伏線を張るのだ。私は高校野球を二〇年間取材しているが、高校野球の選手と会話のキャッチボールをすると、「……と思います」「……です」とストレートな返事が返ってくるのが、麻布の生徒はちょっと変化球になっている。頭がいい証拠なのだが、揚げ足をとられまいとする会話の仕方に窮屈さを感じた。その窮屈さが、後述する先生へのインタビューで出てきた「この学校の生徒がもつ特有の緊張感」に通じるのかもしれない。

最後に彼らの進路について記しておく。

ここで紹介した九人のうち、四人が浪人決定。あとは東京大学文科一類、同文科三類、京都大学総合人間学部、国際基督教大学教養学部、慶應大学経済学部に進学した。

【麻布のOB　その2】山下洋輔さん（ジャズピアニスト　一九六〇年卒）

僕は中学二年のときに公立中学から編入してきたんです。兄貴も卒業生だったせいか、書類審査だけで簡単に入れちゃった。当時はそういう人が他にもいたんですが、最近の同期会で「あれにはまいったよな」って言われました（笑）。そういうのが自分でもひっかかって、なかなか学校にも馴染《なじ》めなかった。当時は級長は平均点が七五点以上ある者しかなれなくて、級長を選ぶ前に「有資格者」の名前をズラーっと黒板に書く。僕は最後の学年のときだけ七五点を越えたけど、あれは屈辱的だったな。勉強でかなわないから、自分はジャズをやる、という感じでした。

ある授業のとき、窓の外を見ながら机の上で指でピアノを弾くマネをしていたら「君は何しているのか」と声をかけてくださったのが、北原知彦先生でした。北原先生は数学の先生だけど音楽にも造詣《ぞうけい》が深くて、文化祭のとき飛び入りで前衛即興音楽を弾いて度肝を抜かれた。下校途中に「お前が好きな音楽を聴きたい」と呼び止められて、そのままジャズ喫茶に行きました。教師と生徒が一緒にジャズ喫茶に行くなんてことが当時できたのですね。先生から借りた楽譜に勝手にジャズコードを書き加えて返却したら「ああなるほど、こういう風に考えるんだね」と、僕がやっていることを認めてくれている感じがありました。先生は僕が二浪して国立音大に入る前に電車の事故で亡くなるんですが、今ご存命ならどんな音楽談議をしただろうかと思う恩師です。

でもジャズに興味をもっていると、関心を示してくれる同級生もいました。音楽室に早めに移動してジャズを演奏していたら「山下こんなことできるんだ、すごい」って、ニコニコしてくれたりね。音楽のテストで即興のジャズを弾いたら、先生が頭を抱えて「何か俺にわかるもの演奏してくれ」と言うので、独習していたバッハを演奏したらすごい高得点をくれました。

僕は編入してきたし、進路も麻布の希望通りの生徒ではないという気持ちがいつもどこかにあったんですが、この学校には生徒も先生も、均一な人がズラリと並ぶのではなく、雑多な人がいていいんだという、そういう雰囲気があった。(「今の学校説明会では『どんな生徒にも居場所があります』と宣言します」)おお、やった! そういうことですよ。あのころ興味もってくれた同級生とは今もつきあいがあって、演奏スケジュールを友だち同士で連絡してコンサートに来てくれたりするんですよ。

第三章　教員が見た麻布

授業風景

この章では麻布で教える先生たちに、教科のカリキュラムや教え方から、自分が教育で大切にしていること、なぜ教師になったのか、麻布の印象など、個人的な部分も含めてインタビューした。教える教科は違っても共通の対象（生徒）を複眼的にとらえることで、立体的な麻布像が浮かんだと思う。

英語科　生の英語を読ませる原典主義。「過保護」に悩む一面も

まずは大学入試で必須の主要科目である英語について、麻布で教えて四〇年、生徒からは「マツゲン」という愛称で呼ばれる大ベテランの松元宏先生と、戸叶《とかの》有紀子先生というふたりの先生に話を伺った。同じ教科でも、ふたりのアプローチには違いが見えた。ちなみに松元先生は、この取材のあと定年退職された。

麻布の英語の授業は、中学一年時は週五コマをひとりの先生が教え、中学二年、三年になると「リーディング（読解）」が週三コマ、「文法」が週二コマになり、それぞれ別の先生が教える。文法はクラスを二等分して、ふたりの先生が教える少人数授業になる。

中学では検定教科書を生徒に配るものの、実際に授業で使用するのは「検定外教科書」と呼ばれる『Birdland Junior English』（文英堂）である。中高一貫教育用に開発された教

科書で、『PROGRESS IN ENGLISH』（エデック）と並んで私立中学校で用いられている「教科書」である。

高校になると、高一ではリーディングが週三コマ、文法が週二コマ。高二・高三ではさらにライティング（英作文）が加わり、それぞれ週二コマずつになる。

英語科の特徴として挙げられるのは、六年間もちあがりで学年を担当する教員が多いこと。つまり、中一の学年を担当した者はそのまま高三までその学年の英語を受けもつことが多い。

松元　ひとりの教員が一年に、原則として中学と高校の二学年を担当します。六年間というスパンのなかで生徒を観察して、どう教育していくかを考える判断材料にもなる。広い視野で教えられると思います。

戸叶　六年間担当するので、ひとりの生徒の成長を見ることができます。中学時代に英語が最下位だったのに、高校でトップ一〇入りする子もいる。生徒がどれくらい伸びてきたか把握できるので、そのメリットは大きいです。

進度についてはあわせるが、教員間で細かい方針は打ちあわせしない。中学では、だいたい一年で教科書一冊、という目安はあるが、高校では検定教科書の『クラウン』（三省堂）などを使って教える人もいれば、自分で作成したプリント教材を使用する先生もいる。松元先生が高二で使用しているのは、元南アフリカ大統領のネルソン・マンデラ氏の自伝から抜粋した文章だった。

松元　かなり分厚い自伝なので、抜粋したものをだいたい一時間で一ページ半、高二のリーディングの時間でやっています。難しい文章なので、単語プリントも作って意味も教えて読ませる。目的は生のよい文章をたくさん読ませることです。キング牧師、オバマ、ケネディの演説などを教材に使うこともあります。演説の場合は暗唱させて、暗唱できた生徒にはそれなりの点数をあげる。暗唱は音が大事だから、できるだけ声に出して読んでもらうのが目的です。

これは松元先生の持論である「原典主義」から来た指導方法だ。

松元　私は高校の場合『クラウン』はそれほど使わずに、アメリカの雑誌に掲載されている短編小説など、生の英文をプリントして生徒と読むことを心がけています。教科書は生徒向けに易しく書き直されているから、どうしても原文の言葉の豊かさを感じとれないことがあるんですよ。同じ表現でも原典での表現は書き直しされたものよりもずっと素晴らしいし、心動かされるものがある。作家がかなり時間をかけて練った文章を書くわけですから、それをリライトされるとただ概略だけで終わって面白くない。それに、正しい英語が学べる。大学入試の英語も書き直された文章ではなく、原典から抜粋されたものを使っているので、それにもつながるところがあるかなあと思うんです。

高校三年生になると、今度は過去の入試問題を使った演習が中心になる。いかにも進学校らしい授業だが、しかしそればかりでは生徒の興味を惹きつけられないという。

松元　最初は大学の受験問題をやっていましたが面白くなくなったので、今年は二学期からはアメリカの雑誌からとった短編小説、エッセイも読ませることにしました。でも、高三の二学期だから生徒はほとんど聞いていませんよ（笑）。関心のある子は聞いていますが。

戸叶　演習問題をやっても、生徒には自分の勉強スケジュールがあるから、英語の授業時間に地理を勉強していたりとか、昔からそう。

松元　最近は、受験に即した演習とかが多い。昔はラッセル（バートランド・ラッセル。一九世紀後半から二〇世紀にかけて活躍したイギリスの哲学者）を読ませたりしていた人もいましたが。

戸叶　今は演習一色ですね。

松元　高一、高二ぐらいなら、生徒たちはまだ受験まで余裕があるから聞いてくれます。彼らは日本語ではより高度なことをやっているわけだから、私は英文でもそこと変わらない授業をやる。自分が読んでいて、心動かされたり面白かったりしたものでないと生徒に伝わらないと思うんですよ。心を動かすというのは、教科を問わず、大切なことです。それが教育だと思うんですよね。こちらが興味のあるものを生徒にぶつけて、自分の熱みたいなものを伝えられたら、それでいいと思うんですよ。どれだけついてくるかは、またその次に考えないといけないことだけど。

戸叶　私は音声に興味があるのでリスニングをどうやってとり入れるか模索してきたのですが……うーん、正直、生徒の関心を常に惹くような授業は難しいなあと思うのが現状ですね。でも、高三で演習ばかりでは、生徒はついてこない。たとえば、スティーブ・ジョブズが亡くなったときスタンフォード大学での講演が脚光を浴びたので、私も授業で演説を読んでみたら、ふだん授業を全く聞かない生徒が、真剣にこっちを見てずっと頷いているんですよ。だから「あっ、こういうところに興味がある生徒もいたんだ」と実感させられて、やはり演習問題ばかりではダメだ、と思いました。受験に即した授業をやってくれという要望もあれば、松元先生がやっているような英語を楽しむ授業もやってくれという声もあって、なかなか全員の要望に応《こた》えるのは難しいんですよね。本当に高校の授業は難しいです。

英語でさらに私が興味をもったのは、中学で使用している『Birdland Junior English』という検定外教科書だ。恥ずかしながらそんな「教科書」が存在するとは、この取材で初めて知った。ちょっとページをめくってみて、内容、単語量の多さなど私が学んでいた公立中学の教科書とはずいぶんレベルが違うのがひと目で見てとれた。高校ならわかるが、義務教育の範囲である中学で最初からこれだけ差をつけられて、「なんだかズルイなあ」と正直、思ってしまった。教科書検定や学習指導要領などは改訂のたびに大きなニュースになるが、こうした私立には最初から関係のない話だったのだ。果たして検定教科書には、いったいどんな意味があるのだろうか。

松元　一九七〇年代くらいまでは検定教科書を使っていたんですが、今はもう使いません。検定教科書だけでは、ここの生徒は満足しないということがあったからです。当時は教えていても時間が余ってしょうがなかったから、プリントを作ったり英字新聞を配ったりしていたんです。そうした経緯で、検定外教科書を使うようになりました。

「ひとりで海外旅行しろ」

とはいっても検定外教科書は麻布の生徒にもなかなか難しいようで、戸叶先生が「これはお恥ずかしい限りなんですが……」と一枚のプリントを見せてくれた。

戸叶　これは教科書に載っている練習問題を少し修正したプリントです。生徒のなかには「教科書がない、ノートがない」という言い訳をしてやらない生徒がいるので、言い訳をさせないためにプリントを配って、ちゃんと出せば平常点を与える、ということにしています。それでも、出さない生徒もいます。あとは読み物の方は、たとえば読んだあとでどういう話だったか自分たちで確認しあえるのが理想ですが、同じクラスにさまざまなレベルの生徒がいて、現実は難しいです。家で予習している生徒もいますが、やっていない生徒がほとんどです。ポイントとして伝えたいところを口頭で説明すると、聞いていない生徒がいます。そこで、黒板に書いて説明すると、ノートを書くことに集中しすぎて、授業を聞けなくなります。そこで仕方なく生徒が書く手間を省くため、あらかじめプリントに文法事項などを書いています（苦笑）。

――失礼ながら、過保護じゃないですか？

戸叶　そうなんです、過保護なんです。そこが私がちょっと今、悩んでいるところです。ただ、全く聞かずに身につかないのはもっと困るので……。実際、これだと生徒が授業を聞くようになったんです。書く手間が省けた分、音読に多くの時間を費やせるようになりました。

松元　私の授業ではプリントは少ないと思うけれど、中三に教えているとき、一文を黒板に書いて訳させて私が口頭で直すでしょ。それでもわからなくて、何回も正解を訊いてくる生徒がいます。一度訳したら伝わったかなと思うと、そうじゃない。また訳してくれと同じ質問が生徒から出てくるんですよ。だから、スムーズに進めるためにはこういうプリントが必要かもしれない。

戸叶　そういう重複した質問に答える時間が、無駄だなあと思うんですが、ひとりでも多くの生徒に理解してもらうために我慢しています。

――もともと高い学習意欲がある子どもたちを前提にカリキュラムが組まれているので、それがない子どもは追い込まれていくんですかね。

松元　うんうん、そうですね。

戸叶　今まで中学受験のために頑張ってきて、「もう勉強しない！」と宣言して中学で遊んでしまうんですよね。そういう子は前にもいましたけれど、テストでそれなりに帳尻をあわせてきたのですが、今はかなり手取り足取り教える必要が出てきました。

たとえばある教員の考えで始めたことなんですが、今は休み中に文法の問題集をやらせて、休み明けに一〇〇問くらいの基礎問題テストをし、下位三〇名ぐらいを対象に補習しているんですよ。補習では、文法を説明して問題を出して、全問正解するまで帰さない。二時間くらいかかる子もいるので、教員にも負担は負担なんですが……。子どもにも「やらされている」感があるんですね。「補習に呼ばないでぇ」みたいに言われるし。ノートをとらないから、大切な部分はプリントにして配り、そこに話したことや黒板でつけ加えたことを書き足させるようにする。この方法でしばらくやってきましたが、素直に取り組む生徒が増えたと感じています。受身的な学習法ですが、中学生のうちはこれでいいと思っています。

――学力が落ちてきているんでしょうか？

戸叶　どうでしょう。

松元　手元に統計がないからよくはわからないけれど、学年の三分の一くらい赤点をとる科目があったりする。今は教員の面倒見が本当によくなってきたんですよ。昔の生徒は「放牧」してたんだけれど（笑）。でもそれだからこそ、個性を伸ばす子はどんどん伸びていく、自分で勉強して身につけていくという側面があった。夏休みの宿題も出していなかったんです。

戸叶　出しても、本を読んで感想を書く、とかでした。

松元　自由度が高い宿題です。でも昨年の中三には、問題集以外に本の感想と粗筋を英語で書け、という宿題も出しました。

戸叶　生徒の学力が以前より落ちているとは思いませんが、世の中の流れなのか、手取り足取り教えないといけない生徒が増えた。私が麻布に来たときには「麻布の常識は世間の非常識」という言葉もありましたが（笑）、でもいざやるときはちゃんとやる。悪いことをしても、ある一線では踏みとどまっていて、教員もあまり目くじらをたてずに「このなかで収めてくれたら」「凶悪化しなければ」という感じでした。でも今は、ゲーム機は持ち込み禁止で持っていたら取りあげる、と学年で決めたりしています。細かく締めつけなくちゃいけなくなってきた。やはり生徒のせいというより、世の中の流れのような気がします。

松元　教員も変わってきたんですよ。教員の間に、世代間の教育観の違いというのが厳然とある。我々が経験してきたことと若い先生の経験とは、やっぱり違うから。でも、我々が若い先生の経験に基づいてやることはなかなか難しいから、そこにズレがあるんです。でも、その世代の考え方でやっていくんでいいかな、と思うんですよ。もっとも全体としては、だんだんマニュアル化されて、統一される方向に行っているような気はしますが。

思わず「過保護では」と言ってしまったが、果たして先生がここまで親身になってくれる学校はどれくらいあるだろうかと、この話を聞いて自分の経験を振り返らざるを得なかった。私が中一で受けた英語の授業では、先生の質問に答えられないと待っているのは、先生が持っている樫《かし》の木の棒で頭をコツンとやられるか、ケツバットだった。他の生徒に迷惑をかけたならまだしも、勉強ができなくて体罰を受けるのは子どもも心にも釈然とせず、英語の授業が嫌いになった。生徒のためにこまめにプリントを作ってくれたり、自分が感銘を受けた生の英文を教室に持ち込む先生もいなかった。高校で覚えているのは「進度が遅いから」と教科書の単元を飛ばしたことぐらいだ。

一方で、松元先生、戸叶先生の戸惑いも理解できる。かつての麻布は先生が教室に「情熱」をもち込めば、知的好奇心の強い生徒たちはそれに反応して、刺激を受けて咀嚼《そしゃく》してきたという。

戸叶　麻布でやっていることは、もしかするとどこかの大学の一般教養でやっているよりも難しいことかもしれません。実際、ネイティブの人が「こんな難しいことを高校でやっているの」と驚くこともあります。効率のよい受験対策ではありませんから、そこには抵抗もあるんですが、麻布に昔からいる先生たちは、こういう授業から勉強の仕方を自分で学びとれ、と。たしかに、言語ってそもそもは人間が生まれてから自然に習得するもので、予備校で教わってできるようになるわけじゃないですよね（笑）。麻布には、自らの経験から学んでやり方も考えられる生徒が集まっていると思っています。やる気がある子は果敢に挑戦して格闘しながらやっていく。ぱっと見て理解できない、文法や語彙の難解な文章に挑戦したがるんですよ。麻布生は、難解な文章を与えられることは好きです。麻布の英語は一見非効率的な授業をしているように思われるんですが、こういう自分で考えさせる授業をなくしたくはないなあ、と思っています。

松元先生はよく、授業で生徒たちに、「ひとりで海外旅行しろ」とけしかけるという。

松元　何年かたつと授業で何を教わったかなんてほとんど覚えていないと思うんですが、それでも「これだけは覚えている」というものがあれば成功かなと思うんですよ。教科書をきちっと教えるだけでは記憶には残らない。だから私は海外でひとり旅をしろと言うのです。それは英語だけでなくて、さまざまな面で学べるから。ツアーで行くのと、ひとりで行くのとは、学ぶ深さが違う。実際に生徒がやろうとすると親に反対されるので、まずはそこの闘いになるんですが、それでもやっている奴は何人もいます。

小さな子どもに泳ぎを教えるのに、とりあえず海やプールに投げ込むのがいいのか、ビート板の使い方から息継ぎの方法まで教えてから入れるのがいいのか。同じ教科でも教え方に違いが表れる。

社会科 「野蛮な集中力」で東大合格

現在の麻布の生徒たちには、高校卒業までに勉強面でふたつの通過儀礼が待っている。ひとつは中学三年生で仕上げる「中学三年卒業共同論文」、通称「卒論」である。これは国語科の教員が挙げるいくつかの作品のうち好きなものを選んで、グループで論文を書くものだ。たとえば二〇一一年度ではカミュの『ペスト』、W・ゴールディングの『蝿《はえ》の王』などが選ばれた。

もうひとつが高校一年生の終わりで仕上げる「社会科基礎課程修了論文」、通称「修論」である。麻布は高二から社会科が選択科目になる。そこで中一から高一まで社会科をひと通り学んだなかで、好きなテーマを見つけて論じてみようという趣旨である。「卒論」と違って、ひとりで論文を書かなければならない。

作業はかなり本格的だ。まず五月ごろに「修論」についての説明があり、夏休み前に「計画書一」というプリントが生徒に渡される。生徒は自分でテーマを決めてそれに関する本を二冊読んでまとめ、夏休み明けに先生に渡す。教員はそれを一三人いる社会科教師の専門によって振りわけて読んでいく。専門に従うので教えたことがない生徒を担当することもある。だいたいひとりの教員が二〇人から二五人ぐらい担当するという。そして秋の終わりぐらいに生徒ひとりずつと面談を行い、計画書にあわせて論文の取組み方についてアドバイスをする。生徒は冬休みに本格的に執筆にとりかかる。分量は四〇〇〇字詰め原稿用紙で一〇枚以上、三〇枚程度まで。筆が乗った生徒は何十枚と書いてくるとか。

この「修論」を始めようと言いだしたひとりが、政治・経済を教えている山岡幹郎先生だ。

「今から一五、六年前から始めました。麻布の生徒は書く力はあるし、高一だから抽象的な言葉も使える。文献に当たって背伸びすればそれなりの論文も書けるし、まだ受験は先なので時間もあります。たぶんこれから知的な仕事にかかわっていくであろう彼らが、あるテーマについて論ずる最初の体験として意味があると考えています」

まるで大学の卒論顔負けのシステムなのだが、とりあげるテーマも非常にレベルが高い。

毎年「卒論」「修論」などの論文や、授業での優秀な成果は『論集』という一冊の本にまとめられて全生徒に配られるのだが、そこに掲載されている二〇一一年度に選ばれた「修論」のタイトルを紹介すると、

「アメリカの宗教右派とG・W・ブッシュ政権との関係性」

「現代日本におけるトランスジェンダー」

「東ドイツ国民から見た東西ドイツ統一と東ドイツ」

「刑法39条は必要か〜精神障害者をどう裁いていくのか〜」

とても高一が選ぶテーマとは思えない。もちろん中身も充実していて、ときどき「僕は……と思った」式の高校生らしい文章はあるものの、資料への目の配り方、論の積みあげ方に隙がない。山岡先生は、

「僕が印象に残ったもので言うと、少年裁判について書かれた論文で、学校でやった模擬裁判に来られた現役の裁判官と検察官の方に贈ったら『これを高校生が書いたんですか』と驚かれました。南方熊楠《みなかたくまぐす》について、わざわざ和歌山の記念館まで行って、向こうの学芸員の方たちと討論してきた生徒もいました。麻布生は興に乗ると殻を破って自由に論じ始めるんです。ふだん大人しくていつもニコニコしているような生徒が教科書問題をとうと

うと論じていたり、生徒の意外な一面を見られるのも楽しいですね」

余談だが『論集』には工芸の授業で作成した美術作品や、家庭科のレポートも載っている。ある生徒は「決まった時間に昼食がとれない父へのお弁当」と題して、朝五時起きして一四〇分かけてお弁当を作っていた。その子の父親と同世代であろう私は、このタイトルと鶏肉《とり》・卵・小松菜の三色弁当の写真だけで泣ける。

社会科は「修論」以外にも、「世界史」と「世界地理」が合体した「世界」という独特な授業が中一に置かれている。

もともと麻布では、大学で世界史を専攻した教員が世界史を教え、地理を専攻した教員が地理を担当するなど教員の専門性が高い。しかし、中一のときぐらい専門の壁を越えて風通しよく科目を教えるのも必要なのではないかということになり、一〇年以上前から「世界」という科目ができた。たとえば、政経が専門の山岡先生も「世界」の授業を教える。

「世界」の授業では、生徒に白地図を渡して、東アジア、南北アメリカなど地域ごとの地図を描かせる。山は茶色の色鉛筆でちゃんとグラデーションをつけて塗り、海にもちゃんと色を塗る。これも『論集』に「傑作」が収められているのだが、絵画のようなセンスで

描いている生徒がいて面白い。目的は、常識として知っておくべき都市や山脈の名前と位置を覚えさせるというのもあるが、

「コツコツした作業が苦手で、口ばっかりで勝負している生徒が多いからあえてやらせるんです」

と山岡先生は笑う。

山岡先生が中一の生徒たちへ最初に教えることはもうひとつある。それは授業の受け方だ。実は編集者のW氏は麻布中学一年生のとき、山岡先生の授業を受けていた。そこでこう言われたのが今でも印象に残っているという。

「板書というのはただ写すだけのものじゃないんだよ。自分で考えてまとめてノートをとるのが授業なんだから」

黒板に書いてあることだけノートに写していてはいけない、ということである。それを言うと山岡先生は少し照れたように、

「僕は板書が下手なんです。グジャグジャの黒板になってしまう。字は乱雑だし、勢いでやっているところがあるので、その言い訳みたいなところがあります」

一方で、こんな想いもちゃんとある。

「黒板を写しつつ、教師がしゃべっていることも聞きとってノートに書きとる訓練もしないといけない。小学校なら黒板に書かれたことを写すだけで済みますが、彼らは写し終えると、それで済んだ気になって横の生徒と私語を交わしたりするんですよ。中学ならまだしも高校になると板書する教師はずっと減るし、大学の講義なんかほとんど黒板に書かない。その訓練として、大事なことは板書しないで話すだけにしたりします。その代わり繰り返ししゃべってあげますけれどね」

社会科においても、大まかな進度についての打ちあわせはあるものの、基本的にクラスでどのような授業を行うのかは各教員の裁量に任されている。検定教科書も生徒に渡すが、山岡先生は定期試験前に「教科書の該当箇所を読んでおきなさい」と言う程度で、生徒から「該当箇所がわかりません」と言われてしまうこともある。

「それはそうだ、あちこち飛び飛びしゃべっているわけだから（笑）。何ページから何ページとは言えない（笑）。たとえば世界恐慌の話なんて僕はしゃべりたいから結構しゃべるけれど、教科書で言えば数行くらいのものです。でも大事だと思えることを授業でできるのがこの学校なんです」

——それで受験に対して責任はもてるんですか。

「もてません（笑）。受験に対する責任は生徒銘々がもつ（笑）」

もちろんこれは半分冗談なのだが、半分本気でもある。

「昔の生徒は『なんだか面白そうだから聞いてあげる』という感覚だったので、だから教師も好きなことをしゃべっていました。だけど一五、六年くらい前から予備校の授業と比べる生徒も出てきたり、丁寧に対応してあげる必要が出てきた。でも一方で、受験レベルのことに加えて、プラスアルファのことをしゃべらないと生徒がついてこない。そういう工夫が必要になったのは、麻布が変わったというより、社会全体が変わったからだと思います。社会全体の『社会的スキル』が落ちてきた結果、それを反映して中高生の『社会的スキル』も落ちている。それは、この学校でも否めない。授業でも受験のニーズに応えつつ、その上あたりを狙《ねら》ってしゃべるんです」

高校三年生で政経を選択する生徒はセンター試験狙いだ。山岡先生は授業の冒頭で、

「俺の授業聞いていたらセンター試験が簡単に見えるはず。だから耳を半分貸せ」

と生徒に宣言するのだとか。

「センター試験の政経の問題は、リード文は格調高いのに設問がちゃちなんです。リード文を読まなくても解けたり、消去法と国語力だけで解けたりする。でも麻布生は知らない

形式の問題やテーマにぶつかると戸惑ったりするんです。だから授業ではリード文と同じくらい突っ込んだ話をやっておく。『受験のための授業はやらないよ』と言うと生徒はついてこないのですが、一方で受験のための授業をしてもついてこないんです（笑）。知的関心はそこそこあって、でも受験も気になっている。そこを両方くすぐりながら生徒の関心をこちらにもってくる」

具体的な授業の進め方としては、詳しい資料集を一冊配るだけで、あとはプリントも使わずひたすら山岡先生がしゃべる。

一学期の最初はホッブズ、ルソーという政治思想史をやって民主主義の総ざらいをし、そこから現代の政治論に入っていく。

二学期は日本の戦後経済史をやり、後半は資料集を使いながら「脱兎《だっと》の如《ごと》く」、一テーマ一時間読み切りのような形で「環境問題」など受験を意識した時事問題を総ざらいする。

「ホッブズとかの政治思想史はセンター試験に出るか出ないかわからないところなんだけれど、中三ぐらいの授業でやった知識をもう一度深く見せ直す。ここは、受験に必要ないからといって妥協しないところです。でも民主主義論も政治論もバックにある考え方を理解していれば、教科書の知識も意味をもって理解できます。ものを見るときの骨子となる考え方を教えるのが大事だと考えています」

何もしないマイナスの時間

山岡先生は自分のことを「でもしか教師」と言う。教師にでもなろうか、教師にしかなれない、という意味である。

麻布OBではない。早稲田大学政経学部出身で、もともとはジャーナリストを目指していた。しかし非常勤講師で教え始めた麻布が面白くなって「居着いちゃった」。非常勤講師時代から数えてもう三〇年以上もここで教えている。

「麻布の生徒のなかでは、やんちゃだったり暗かったり、影のある否定的な要素をもった子が印象に残りますね。優秀な子はほっとけばいいんですもん、この学校（笑）。だから僕は麻布以外では通用しない教師だと思っています。でもキザに言うと、ジャーナリストも教師も人間に関心があって、人を刺激して何かをひきだすという点では似ています」

教師らしくない（？）山岡先生だからこそ、訊いてみたい質問が浮かんだ。なぜ麻布は東大進学率がこれほど高いのか、ということである。麻布の生徒は「根気がない」とみんな口を揃《そろ》える。先生も受験のことを少しは念頭に置きつつも、基本的に好きな授業をしているように見える。それでもなぜ高い東大進学率を誇るのか。以下、山岡先生の麻布論だ。

「その疑問はわかります。こんなに勉強しない受験校はないですよね（笑）。コイツはなんにも勉強してないだろうなという生徒が、一浪ぐらいで東大に受かってしまう。中学で赤点とって進級も危ないような生徒でも、そこそこの受験成績を残す」

山岡先生もそれが不思議で理由を考えたのだという。

「それで得た僕の一応の結論は『麻布生には野蛮な集中力がある』ということです。だいたい彼らはクラブ活動を引退する高二の夏・秋か、なかには高三から勉強を始める者もいます。勉強を始めるとすごい集中力を発揮するんですね。どこでそんな『野蛮な集中力』を得たかというと、小学生時代の塾なんです。最近は小学三年生ぐらいから塾通いを始めているので、三年間の勤勉な勉強の習慣をもって麻布に入ってきているんですよ。彼らは机に向かってコツコツ勉強する原体験みたいなものを身体にいったんとり込んでいるので、再び机に向かってがむしゃらに勉強を始めたときの集中力がすごいんです」

生徒の勉強に対する資質が麻布以前の塾で涵養《かんよう》されているとするなら、ではこの学校の役割は何か。これも山岡先生は考えている。

「じゃ、ひたすら生徒の遊びにつきあって、自分の好きな授業をしている麻布の教師は何してるのか。そういう意味では何もしてないんです。麻布は偉大なゼロである（笑）。中一の生徒に会うと知的好奇心でキラキラしていますよ。でもそこから好奇心が下降して中三・高一ぐらいで最悪になり、高二ぐらいから『さすがにヤバイ』となって高三で再び上がる。でも人生においてはこれが大事なんです。ヨーイドンのあとに何もしないマイナスの時間があって、いったんうしろに下がるのが麻布なんです」

「学校に入ってマイナス」などと言われると受験生をもつ保護者は頭を抱えると思うのだが、麻布の六年間にはこんな意味があるという。

「アメリカの発達心理学者であるE・H・エリクソンが『各ライフステージにおける身につけるべき徳』を説明しています。それによると、学童期は『勤勉』。親とか教師に助けられながら課題をこなしていくことで勤勉さを身につけていく。麻布生は、そこは立派につかんでいる。思春期は『忠誠』。仲間に対する忠誠、裏切らないこと。中学に入ると教師や親の言うことも聞かなくなり、仲間とつるむ。

麻布ではもちろん勉強も大事ですが、仲間とつるんでやるさまざまなことも同じくらい大事なんです。そこを外して勉強だけ、というのでは、発達課題として大きなものを見落としちゃう。勉強しつつ、思春期を謳歌《おうか》してトレーニングをした連中が社会に出たら何事かしてくれるのではないかと思います。僕は口うるさく、勉強しなさいと言う方ですが、その一方でクラブ活動や自治活動の大事さというのも必ずあって、そこをこの学校は外していません。狭い意味での勉強にこだわる親御さんにはなかなかそういう麻布のあり方は理解してもらえないんですが、そこを外してしまうと麻布はつまらなくなる」

麻布で学ぶ六年間は、「知識とか教養の土台作り」であって、

「氷山って、海面に没して外からは見えないところがあるでしょう。あの部分を中等教育が担っていると思うんです」

では、山岡先生は授業でどんなことを伝えたいのか。

「批判精神ですかね。生徒には僕と反対の立場でも構わないから、批判精神をもってほしいと思っています。教育論風に言うと、自己形成のなかでは自己を対象化していく作業が求められてくるはずで、生徒はどこまでそれをできるのか。自分自身に対する批判も含めて、相手を対象化して論ずる姿勢がないといけないでしょう」

説明したあと、「久しぶりにそんなこと訊かれた」と笑った。

第一章で入試についてレポートしたように、麻布の国語は世間的に評価が高い。そこではどんな授業が行われているのか、第一章で紹介した中島克治先生に改めて訊いた。

中島先生によると、

「国語科の目標は教養を身につけることです」

という。

「教養とは物知りという意味ではなく、今自分の身の回りで起きていることに対して、想像力を働かせながら、今の自分には何ができるのかとか、自分はそれをどうとらえるべきなのかとか、知の体系を洞察力と絡めて、人間存在を主体的に掘り下げる力という意味です。それを僕は中高の間になんとか作ってほしいと思っています」

その教養と国語力がどう結びつくのか。

「さまざまな作者とか書き手と、授業を通じて向きあうことを生徒に要求しています。それは多読と味読（文章を味わって精読すること）を要求します。味読に教員がかかわっていきながら、生徒が自力ではなかなかたどり着けないような心理の裏側であるとか、作品の意図、本文全体が意味するところを授業で伝えていくことを通じて、その作品のモチーフや表現の面白さにつなげていく。そういう作業を行いつつ作家、作品の数をこなしていくことで、高校を卒業するまでに、さまざまな作品と書き手の表現なり、存在の仕方なり、作品の意図なりに触れられるというのが、我々の授業の大きな目的のひとつであると思います」

この本の原稿は、取材時に録音したものをいったん文字に起こして、それを整理する形で書いている。人間の話し言葉とは案外整理されていないもので、言い間違いや同じことの繰り返し、論旨があっちこっち飛んだりしてテープ起こししたものがそのまま「読み物」となることはほとんどない。しかし中島先生の「話し言葉」はほとんどそのまま「読み物」につながる。私の経験では、これはＮＨＫのアナウンサーに近い。話す前に内容が瞬時に頭のなかで文章化されるタイプの人なのだろう。

カリキュラムを説明すると、まず中学一年生、二年生には短編を中心に近代作家の名作と呼ばれる小説を集中的に読ませる。志賀直哉《なおや》、芥川龍之介、太宰《だざい》治、夏目漱石《そうせき》、森鷗外《おうがい》などの文章に「馴染ませる」。またエッセイや説明的な文章も読ませて、論理的な文章を読みたがる理系の子の興味も惹いておく。

文章は作品本位でとりあげて、検定教科書を意識して使用することはない。また作品は、基本的に全編をとりあげる。

授業で最近とり入れているのが要約である。文章を読んだあとその要約を宿題に出して、後日、教室でその要約を生徒同士が交換して採点をする。

「要約の採点をやらせる理由は、まずは書く方にとって、自分の意図したことが書かれていると相手に判断されるかというのがひとつ。だからあまり汚い文字でも、ブロークンな文章でもダメですよね。そして採点する方で言えば、彼らはある種の行間を読まなければならなくなる。僕がポイントを挙げたとしても、要約はそのポイント通りでなくてもいいわけじゃないですか。たとえば『Aと書かなければいけないところをBではないと書いてあるんですが、それでいいですか』とか質問がくるので、それは自分で判断してごらん、と言います。順番通りでなくてもいいときもある。

自分が考えた通りの要約でなくてもいいとわかりますし、黒板に書かれたポイントを自分のなかでどのように咀嚼し直すか、自分自身の解釈の力を試されることにもなります。最終的には理解力、読解力が培われると思います。

字数は四〇〇字です。四〇〇字は八〇〇字や一〇〇〇字にも伸ばすことができますし、逆に二〇〇字にも縮められますから」

要約は高一まで、毎回、しつこくやるという。とり入れたきっかけは、どうやって本を読ませるか考えた末だった。

「麻布の子は本を読むという地道な作業を軽視する傾向があるんです。本を読まずに授業のノートだけとって暗記すれば、それなりの点数がとれるのは事実なんですよ。でも高三になると、初読の文章に手も足も出ない子が出てきて、理由を考えたら、本を読んでいないからだな、と。通読する経験を積ませるために要約を考えつきました。麻布の子は一回読めば五〇点はとれます。要約を繰り返していくと、そのうち、どんな文章もなんとなく四〇〇字くらいにまとめられるようになるし、実際にまとめなくても頭のなかでそういうことができるようになって国語の力もつきます」

社会科の授業でもそうだったが、麻布は徹底して書く力を磨く。もともと入試問題で「書ける」子が入ってきて、そこからさらに磨く。社会に出てから麻布の卒業生の個性が際だって見えるのは、書くことを通じて徹底した自己表現の訓練を受けているからかもしれない。

逆に普通の国語の授業で多い、語彙の解説のようなことは丁寧にはしない。自分で辞書を調べたり、文脈から判断することを求める。授業でとりあげた中島敦の小説「名人伝」に「道義的慚愧《ざんき》の念が、この時忽焉《こつえん》として湧起《わきおこ》った」という文章があった。

「『忽焉と』は調べなくても、音が似ている言葉があるよねと生徒に投げかけると、『忽然』と返ってくる。『道義』とか『慚愧』は、辞書を持っている生徒から語釈を言ってもらって、それを黒板に書きだしていったりします」

授業は活発で、中三では開高健の『輝ける闇』から政治の話になり、消費税を上げるべきか否かといった議論にまで発展するそうだ。

その中三では先述した「卒論」が始まる。授業では自分の考えを表現することも求められるようになる。

「卒論で、ぐっと理解が深まるなあと思います。三年の三学期で中島敦の『李陵《りりょう》』をやってもちゃんとついてきますから」

高一では、「社会と私」をテーマにした小説、評論に取り組む。

「自分がどのような社会的存在なのか、そろそろ自覚してほしい。麻布の場合、『自分が』というエゴイズムが蔓延《まんえん》したり、個が集団に埋没したりする状況もありますから、集団と私の関係について、小説なり評論で伝えていきたい」

テキストは武田泰淳《たいじゅん》の『ひかりごけ』、夏目漱石の「現代日本の開化」、丸山眞男《まさお》の「『である』ことと『する』こと」など。

高二では、より大きな単位としての社会や世界、共同体や国家とひとりの個人はどう向きあうのかをテーマにする。

「自分の経験を元にしていてもいいんですけれど、抽象化しながら想像してほしいというのが、麻布の高二の現代文の目標として設定されています」

要約文は卒業して、テーマを決めてテキストを初読した上で自分の意見を書かせる。

「そろそろいろんな自分の考えや好みが出てくるから、書かれていることをきちんとつかんで、そのことを自分がどう評価するのか、論理的に説明してほしい。生徒自身が毎日何を考えているのかわかりますので、その生徒自身を見ることができるというサブ的な効果もあります」

テキストは森鷗外の『舞姫』、夏目漱石の『こころ』、小林秀雄の評論など。ちなみに今の五〇歳前後の大学入試の国語といえば「小林秀雄の評論」だったが、一時期下火になり、最近また復活してとりあげられる機会が多くなったそうだ。中島先生は「ちょうど小林秀雄に親しんだ私たち世代が、入試問題を担当するようになったんじゃないですかね」と考えている。

中島先生の授業の概観を聞くと、「国語の授業」というより「国語を通してその先にあるものをつかむための授業」という印象がある。

「テクニカルな読解というより、自分自身がどう生きるのか、何をどう感じるのかというところをできれば刺激したいんです。結局、どんなに頭のよい子でもそこがしっかりしていないといろんな状況に負けちゃうんで。

また過去に自分が麻布で受けていた国語の授業も大きく影響しています。授業では『ここでどんな接続詞が入りますか』みたいなことは一切問われなかったし、漢字も『自分でやれよ』みたいな感じでした。それよりガッツリと内容と向きあって、文章の読み方のなかに世界の見え方がどこか透けて見えるようなものと向きあわされました。『わかっていること』ではなくて、『何をわからねばならないのか』ということにあわせて、自分自身をひっ張りあげていくような授業でした。できれば自分も無理矢理ひきあげていくような乱暴なことを授業ではあえて試みたいと思っています」

高三になると授業の内容が大学入試を意識したものになる。入試問題を演習問題として授業中に解き、次の時間に採点して返して解説をするということの繰り返しになる。

「高二までだと入試レベルに対応するというよりは、大学でさまざまな専門的な授業を受けるためのレセプター（受容器）を作っておくことに重点があります。そして一作ずつ深く読み込む、詳しく解説していく、ということをやっていく。高三は授業がグレードダウンしても、限られた時間に回答して何点とれるか知ってもらう現実的な時間を用意しておく」

――入試に対応した授業が「グレードダウン」ですか。

「我々だと、どこまで理解しているかを重視した採点になりますが、入試では自分がわかっていることを伝えるためのよりオーソドックスな文体が要求されます。文体の個性を削り、自分がわかっていますよということをアピールしやすい答案にどうするか。そこは敢《あ》えてグレードダウンです」

中島先生の分析によると、最近の大学入試の国語は、

「言葉と言葉を自分のテニヲハでくっつけて、結んでいけば答えとして認定してくれるんじゃないかと思う。さらっとした印象です。複雑なことを訊いて答えさせても、なかなか採点が難しいんだろうなあ。採点基準の揺れが少ないような問題が増えています」

サイレントマジョリティの子どもたち

中島先生は大学院で夏目漱石の研究をしていて、そのまま文学研究者の途《みち》を志していた。しかしその「レール」に反発したときに、麻布から非常勤講師の口がかかり、そのまま専

任教員となった。

「教員にだけは絶対になるまいと思っていたんですよ。というのは私の父と母も教員で、特に父は校内暴力の激しいころの公立中学の教員で、『教員とは教えるコトなんて一パーセントで九九パーセントが生活指導だぞ』と聞かされていたからです。実際、父も夜中に生徒を探しにいったりしていましたから。でも研究者の途には、出来レースのように路線がしかれていることに反発したんですね。公の権力から距離をとって生きた漱石を研究している自分なのに、そのようなお膳《ぜん》立てに乗っていいのか、と。そんなときに恩師である本田哲夫先生から非常勤のお誘いを受けて麻布で教えるようになり、専任教員の試験を受けてとっていただいたという次第です」

「麻布の先生」として働くことになったとき、自分が生徒だったときを振り返り、こんな決意をした。

「私は麻布のなかではサイレントマジョリティでした。黙々と勉強して、でもトップグループにはいない。だから、派手な言動で注目を集める生徒ではなくて、サイレントマジョリティの子どもたちに目を届かせることが、私だからできることかな、と思っていました」

自分の学生時代、教師になってからと、麻布にどんな変化を感じているのか。

「教員の生徒に向きあう強度が違う気がします。教員が生徒にとっていい人であろうとしすぎてしまったりとか、理解しようとしすぎてしまったりとか。生徒の踏み台としての教員の地盤が緩くなっていますね。私自身、昔の先生みたいにはできません。たとえば本田先生でいうと、教員と生徒の立場の違いを感じさせないんですよ。同じ平場に立って『お前らこんなコトもわかんねぇのかよ』と生徒を挑発してくるんです。それに対して生徒の自分はどこか悔しいと思ったりするんですよ。今の自分ではできないんですが、いいなあ。それに、生徒からの挑発もなかなかないんですよね。質問されるとたしかに嬉しいんですが、生徒は私が何でも知っていると思っているので、挑発じゃなくて質問になるんです。授業でも、手を取り足を取り『こういうことしていいんだよ、ああいうことしていいんだよ』なんてしたくなってしまうし、そういうことを生徒と教員がお互いでよしとする馴《な》れあいの風土が麻布ですらなんとなくある。私だけの危惧《きぐ》かもしれませんが、そこからもう一回どうやって距離をとろうかな、というのがなかなか……」

ここでも、英語の戸叶先生と同様に生徒にどこまで手を差しのべるべきなのか、という悩みがあった。

ベテランの先生が続いたので、今度は麻布での在職歴が一〇年未満でいずれも転職組のふたりの先生の意見を紹介したい。他の学校との比較、学校の外からの目線に近い視点が得られるはずである。

物理　公立の進学校と定時制を足して二で割った麻布生

加藤義道先生は麻布で教えて八年目になる三九歳。千葉の公立高校、青山学院大学出身。教師歴の振り出しは都立の進学校で、定時制高校に異動、そこで麻布の専任教員の採用試験を受験した。

「採用試験を受けたのは定時制に異動して二年目でした。教科の指導より生活指導がメインになって、自分が勉強してきたことがなかなか活かせなくて悩んでいた時期だったんです。採用試験に受かったあとも、麻布は真面目なイメージがあるけれど、実はやんちゃな子も多くて、手こずるという評判を聞いたことがあり、行くかどうかかなり迷いました。でも公立だと、教師として学んだことを転勤ごとに一からやり直すことがある。また麻布なら専門教科を教えることができるということで、赴任することを選びました」

初めて麻布を訪れたときの印象は、

「びっくりしましたね。自分の高校生時代はずっと運動部のクラブ漬けの日々で、遅刻しないのは当たり前だったし、学校のなかで知らない大人の人に会ったら挨拶《あいさつ》するという環境に育ったので（笑）。雰囲気が違います」

これは私も初めて麻布を訪れたときにちょっと驚いた。私は高校野球を長く取材しているので、たとえば運動部の生徒が必ず挨拶をしてくるのに馴れていた。自分に挨拶しないのが失礼、というのではなく、挨拶されるだろうからこちらも返そうと軽く身構えていると、スルーされるので「あれれ」と肩透かしを食らう感じなのだ。

――公立の進学校とも雰囲気は違いますか。

「全く違うかもしれません。田舎と都会の違いかもしれませんが、麻布は文化祭、運動会がわあーと盛りあがるけれど、主催する生徒と一般の生徒との壁を感じたり、あらゆる生徒の活動のなかで、まとまってみんなで何かをしようとする動きが少ない。個人を尊重しているとも言えるのですが、まとまる機会が少ないのかな。泥臭いようなことを格好よしとしない雰囲気が学校にあると思う。前任校の公立には汗水垂らしてみんなで頑張るという雰囲気がありましたから」

――勉強に対する姿勢は？

「公立では非常に真面目な子が多かったです。一生懸命勉強する姿を隠そうとしないし、それが周りにもいい影響を与えたりしたんですが、麻布の子はそういう姿勢は見せないし、勉強しない子も確実にいます。コツコツ勉強するタイプが少ない」

――同じ進学校なのに、なぜそこまで違うと思いますか。

「公立は高校受験があるので、中学時代にコツコツ勉強する癖がついています。でも麻布の場合は小学生のときに親に勉強するようにしつけられてきているので、中学でコツコツする癖がついているとは限らない。高校二年の終わりになって、本人が主体的に勉強すれば非常に伸びるんですけれど、それまでは言われてもやらない」

これは先述した政経の山岡先生の「野蛮な集中力」と同様の指摘だろう。中三、高一の「なかだるみ」というのは中高一貫教育のひとつの落とし穴である。

麻布の理科のカリキュラムについては驚かざるを得ない。

中学では全て「理科」という科目になるが、中身は専門分野ごとにわかれる。公立中学の理科は「第一分野」「第二分野」とわけるが、麻布では中一で化学と生物、中二で物理と地学がそれぞれメインになり、中三で化学、地学、生物になる。それぞれ担当の教員が教えて、高校一年までに基礎的分野がトータルで終わるようなカリキュラムになっている。

進度は速い。

「すごいカリキュラムで僕もびっくりしたんですが、高一で理科が四つあるんですよ。物理二時間、化学一時間、生物一時間、地学一時間の五時間あるんです（笑）。定期テストで理科が四科目あるわけですから、とても生徒は辛いんじゃないかと思うんです。ちなみに社会も三つある。理科と社会だけで期末は七科目も試験がある。尋常じゃない多さになっています」

加藤先生によると、公立で物理・生物・化学・地学の理科四科目を一学年で全部やる高校はないという。

「そのうち三つまでなんです。それがここでは基礎的な部分にしても四つを、受験に影響せずにバランスよく学べる。理科の知識を学ばせないで社会に出すことは止めよう、という配慮があるんだと思います」

授業で特に重視されているのが、「実験」である。物理では自然現象の存在を実際に確認した上で、そこにどんな法則があるのか考える。

「たとえば『光の屈折』にしても、実際にその現象を見なくても理屈だけで入試問題は解けます。また絵やイラストで光の波が屈折しているところを見ることもできます。でもそれだけでは実際に光の波が屈折するとはどういうことなのか、理解できないと思うんですよ。物理とはそもそもこういう現象があって、それを分析したらこうだった、ということを理解しないといけない。実際の自然現象でどういうことが起きているのか確認して、それにどういう法則があるのか理解するのが物理の学習なんです」

ということで実験は多い学年だと一学期に三、四回は行うという。加藤先生の公立時代は多くても学期に一、二回だったというのだから、かなり手厚い授業である。それだけ環境も充実していて、物理の実験室が中高で三教室もある。公立高校ならひとつという学校も多い。ちなみに中学でいう理科室も公立なら二教室ぐらいだが、麻布では物理化学共用ひとつに化学だけがふたつ、生物もふたつ、地学がひとつある。

「進学校ほど演習問題中心になると聞きますが、それでは問題のパターンを学ぶだけで物理という学問を学んだことにはならない。むしろ学問として物理を基本からじっくり理解させることに重きを置いて、実験重視というのが麻布の物理で譲れないところ。現象が大事、実験重視、問題演習だけなんてとんでもない、というのが物理の教師たちの共通認識なので、自分の専門教科を教えたいという目標が叶いました」

ここまで先生たちの話を聞いていて、意外と進学校らしい入試対策授業についての意識が薄いと感じた。「勉強」というより、大学で学問のとば口に立つであろう生徒に「学問の仕方」を教える授業が多いのではないか。加藤先生も頷く。

「学問のやり方を訓練しないで、大学に入ってしまっていいのかなと思います。入試問題の演習ばかりやってても、結果的にうまくいかない子が多いように思います」

前出の国語の中島先生が「レセプター」と形容したように、理科でも大学での高度な専門教育が受け止められるような準備を中学高校の六年間でするのである。

生徒のレベルは、高二までは公立の進学校とそんなに変わらないそうだ。ただ授業のあと、職員室に来る生徒の質問に特徴がある。

「この学校が特徴的なのは、わからないとスッキリしないから訊きにくる子が多いんですよ。なんかモヤモヤするんでしょうね。探求心をもっている子が多いんだなと思います。勉強の要領だけ考えれば公式を覚えればいいんでしょうけれど、そうじゃないんですね」

——鋭いと思うような質問があるんですか。

「基本的で素朴なんですが、それが全く予期しないというか、私のなかに抜けている部分を質問してきたりするんです。私は当然という前提で話をしていたんですが、よく考えてみると『そうとも言い切れないぞ』と気づかされる。授業を聞いてくれなくてストレスをためるときもありますが、そういう質問はとても自分の勉強にもなるし、新たに学べたことも多いです」

――「やんちゃな子が多い」と聞いていたそうですが、実際にはどうですか。

「ここに来る前に定時制にいてよかったなあと思います。生徒とぶつかっていかないといけないので、ここと生徒の扱いがよく似ているんですよ。教員もすごくアットホームだし、生徒を頭ごなしに叱《しか》るということもしない。どうしたの、なんでそんなことしたのと訊くと自分が悪かったんだなとわかってくれたりする。つっぱったり、教師に反発する一方で逆にものすごく人なつこかったり、教員室に入り浸ったりしている子がいるのも、麻布も定時制も同じです。教育の根本は一緒かもしれません」

一方で、公立進学校にも定時制にもない麻布特有の生徒の雰囲気も感じるという。

「生徒ひとりひとりが孤独感をもっているんじゃないのかなあ。自分のことをわかってくれている友だちがいる子が少ないのかな。ここは何でも自分のことをさらけだしすぎちゃう子が多いんですよ。だから逆に、あそこまで自分はさらけだせない、と内に秘めている子も多いような気もします」

加藤先生が感じるここの生徒がもつ独特の孤独感は、言葉を変えながらこのあとに登場する先生、生徒の取材にも出てくる。

国語科（古文）　ＩＴ企業から転職の新任。授業で悩み泣いたことも

古文を教える坂倉貴子先生は新任一年目（取材当時）、前職はなんとインターネットの大手ポータルサイトの広告営業をしていたのだとか。「ネットの世界でやっていた者が今、古文を教えています」と笑う。

私立の女子校から東京学芸大学に進学した。教員養成大学なので進路はそのまま教員採用試験に向かう学生が多いが、パソコンで授業する将来を予測してＩＴ系の知識を得ようと、同期でひとりだけ就職活動をしてネット企業に入社した。

「もう毎日が刺激的でした。昨日会議で黒だったことが白になったり、飽きないんですよ。技術もどんどん進化していき、面白くて四年もいました。あのまま企業にいるという途もあったと思います。嫌になって辞めたんじゃなくて、見えない力に押されて辞めたみたいな感覚なんです」

ネット企業に就職を決めたときは大学の就職課に驚かれ、麻布の古文の教師に転職したときはネット企業の同僚たちに「そんな転職は初めて聞いた」と驚かれたそうだ。それは

そうだろう。

麻布の教員になったきっかけは、会社を辞めて大学院で学んでいたとき、麻布の教員募集の紙が貼られていたのを見つけたからだった。男子校という志望はもともとなかったが、非常勤講師として男子校で教えた経験があった。

「そこの学校が想像していたより怖くないというか、大人しい生徒が多くてのんびりした学校だったんです。そこで女子校も男子校も雰囲気をわかったような気がしていました」

それがのちに大きな勘違いであることが判明する。

現在は中学二年生の古典文法の授業を担当している。普通、古典文法は高校生から始めるらしく、中二からというのは早い方らしい。暗記科目は繰り返せば定着するので、早い時期からスタートする、ということのようだ。

とはいっても、授業は「私は生徒の手のひらで転がされています」と、悪戦苦闘している。

「最初の三回ぐらいはすごくみんなが聞いてくれたのに、四回目から私が教室に入った途端、人生で経験したことがないようなうるささでびっくりしました。全然話も聞いてくれない。反応もすごく直接的で、授業で説明しても、つまらないときは『つまらない』と言

います し。面白い授業しろと（笑）」

――生徒に驚かされることは多いですか。

「他の教員を『あいつ』とか呼び捨てですから。こういう風に言ったら相手がどう思うのかという、想像力がないなと感じます。幼稚なんでしょうが。もったいないですよね……」

これは坂倉先生だけの問題というより、新任教師への通過儀礼のようなものらしい。編集者のW氏も麻布で教育実習をやったとき、うしろから黒板に輪ゴムが飛んできたとか。

「それで五月くらいのころは、家に帰って泣いたこともありましたねー。やっぱり戸惑ってしまって、理想と現実のギャップが激しすぎて……なんか浮わついているな、何がいけなかったんだろう、と考え込んでしまって……」

坂倉先生が理想としていた授業とは「静かで、でも笑いもあって、新しい発見があるような授業」というのだから、最初からギャップがある。

麻布ではクラスごとに「学級日誌」というものがあり、生徒がもち回りで書いていく。普通の日報を書く生徒もいるが、そこはこの学校、下ネタばかり書いたり漫画で書く者もいる。

「学級日誌で授業の感想を見たら、ネットスラングがいたるところで出てきて、『2ちゃんねる』を見ている気分になってきたんですよ（笑）。それで、見なければよかったと。卒業生が学校に遊びにきて私とは初めて会うのに『あー、あの』という顔をされるんで、たぶんネットでも出てるんだわ（笑）」

　最近では、授業で「休みの日は何をしているんですか」など無駄口の質問も、乗った方がクラスがまとまると感じたときは、わざと乗るテクニックも覚えた。

「友だちに『死ね』と言う子がいたので、『人に向かってそんなこと言わない』と言うと、『そんなことわかってるよ』と言い返されるんです」

　悩んでいたころ、職員室で先輩教員から授業の感想を訊かれ、正直にクラスがうるさいことを相談すると、「（生徒は）そういう時期なんですよ」「私も最初、そうでした」と慰められた。教科についても授業のノートやプリントを見せてもらい参考にできた。

「教室で斜に構えている子でも、一対一で話すと、人格が変わったんじゃないかと思うぐらいちゃんとしています。敬語も使えますし、人に気も遣えますし（笑）」

　想像していた進学校の姿とだいぶ違うようだが、坂倉先生が「麻布でしか見たことがない光景」も体験した。

「授業のヤマにきたとき、一斉に集中して全員がシーンとなる瞬間があるんです。横を向いていたり、聞いていなかった生徒でも動きが止まって視線が全部こっちに向いてくる。顔を上げてこちらの話を聞く姿勢は独特かなと思います。それは自分の高校時代でも、教職課程で教えたときも、非常勤講師で教えた男子校でも経験がありません」

素朴な質問がツボを突くのは物理の加藤先生のときと同じだ。『竹取物語』で「つくりばな」という単語が出てきて、単純に「造花」と訳すとすぐ「その時代に造花があったんですか」と質問された。

「そういえばそうだなと」

こんなこともあった。

「あの作品は旧《ふる》い文体なのでよく読んでいくと文脈が続かないところがあるんです。ただ普通に読んでいくと気づかない。だから授業ではあえて触れなかったのですが、やっぱりそこに気づいて『この文の流れおかしくないですか』『なんでこんな風になっているんですか』と質問してくる生徒もいました。質問は多く、ほぼ毎時間あります。たいていの学校って授業中に発言する生徒が限られると思うんですが、麻布はその幅が広くて、教室のあちらからもこちらからも声が上がる。そういうところでは勉強に対する主体性を感じますね」

教科では手応えを感じつつも、最後に残っているのは生徒との距離感のもち方だ。麻布は教科の教え方を教員の裁量に大きく委《ゆだ》ねている。校則もなく、何がダメで何がOKなのか、自由だからこそ難しい。

「結局、自分のなかで譲れない確固たるものが必要で、そこが今の私が苦労しているところです。結構毎日迷っています。自分がこの学校でどういう風に生徒と接するのか。自分なりのルールを作らないといけないと思っています」

麻布で生徒と接しているのは教科の先生だけではない。そこで「教室の外」にいる先生にも話を訊いた。

保健室　麻布生に漂う緊張感。保護者とも向きあう

本書冒頭で紹介した学校説明会で「生徒に人気のある場所」と紹介されたのが、保健室だ。常勤の養護教諭はふたりいて、そのうちのひとり、青山愛子先生は大学病院に看護師として勤めたあと、一九九四年から麻布に在籍している。赴任する前までは「眼鏡をかけた頭のよい子がいっぱいいるんだろうなあ」くらいのイメージだったのが、来てみて「い

やほんと、びっくりしました」。

「バンカラで、エネルギーがいっぱいある学校です。父が旧制高校出身で、よく当時の話をしていたんですが、そんなイメージに近い。思春期の男の子が一八〇〇人もいるので、毎日のように病院へ行くようなケガをする生徒がいます。昼休みに中庭で遊んでいて、チャイムが鳴ってみんなひきあげていったら、誰かが転んでひっくり返ってた、なんてことも」

ケガをする生徒の多さもさることながら、二〇年前に赴任してきたときからずっと、この学校の生徒にもち続けている印象がある。

「生徒がみんなすごい緊張感のなかにいる印象を受けたんですよ。それは今も変わりません」

——それはどんな緊張なんですか。

「熾烈《しれつ》な順位争いとでも言ったらいいでしょうか。自分が特化しているところの場所取りと言うのでしょうか、序列を決めたがる。それは保健室に入ってきたところから伝わるんです。頭が痛いとか、ケガをしたとかという話にしても、緊張している部分が伝わってくる」

――勉強とか成績の話ではなく？

「成績や何かしらの知識についてはもちろんのこと、単純な話、あいつより自分は何かゲームのカードをたくさん持っているというような……この点については誰よりも詳しいとか、それで『あいつはスゴイ』と認知されるのが大事なようです」

コミュニティに参加するために「自分の優れたところ」を披瀝《ひれき》しあうとしたら、ずいぶんシンドイ話である。うまく溶け込めない者は物理の加藤先生が言う特有の孤独感を抱くのかもしれない。

――そういう内面の話を青山先生に相談に来るんですか。

「最初は『お腹《なか》が痛い』とかの理由で来て、こちらを偵察していると思うんです。そうやって通ってくるうちに、『実は……』みたいな話が出てくる。問題はだいたい親との葛藤《かっとう》が多いです」

――自分の親との問題を、学校の先生に相談する？

「親との問題に気づいていなくて、話をするうちに『それは親御さんのプレッシャーじゃないの？』と言うことはありますね。勝手に親の存在を大きく感じてしまって、押しつぶされそうになっていたりとか」

――その生徒は青山先生に、何を期待しているんでしょうか。

「親でもない教科の先生でもない大人に話をして、どう感じて自分に対して何を言うのか聞きたがっている感じでしょうか。『通訳』みたいなところもありました。葛藤につきあうところもあります。勉強もしたいんだけれどできないし、麻布に違和感もあるけれど執着もあるし、というところでの想いを聞いていく。休み時間に話をして、授業が始まると帰って、また休み時間に戻ってくる生徒もいます。保健室に来るんだけれど、何も話さずにいるだけの子どももいます」

――いるだけで何もしない？

「『この時間いさせてください』って来て、寝てたり、本を読んでいることもあります」

――用がないなら、と追い出したりは……。

「しないですね。授業があっても。つながるきっかけだけは作っておいて、今はそのつながりをチョイスしないんだなと思ったら、それ以上深追いはしません。自分の思春期のことを思い出すと、あんまりいろいろ訊かれても答えられなかったし、言いたくなかった時期もありましたから」

――先ほどの「麻布への違和感」とは何でしょうか。

「はっきり言語化できる生徒はあまりいないのですが、たとえば教室の雰囲気とか。自由な校風を選んできたとしても、今まで少人数で規律正しい教育を受けてきた子どもがいきなり大人数のところに放《ほう》り込まれて、戸惑うこともありますよね。まだ一三歳ですから」

中高一貫校でいったん「違和感」をもつと、あとあと辛そうだ。たとえば公立なら、中学で自分の居場所を見つけられなくても、高校入学でいったんリセットがかけられる。しかしここでは難しい。

「厳しいですよね。六年間というスパンで成長を見ていけるメリットもあるんですが、それは酷だなって思う生徒もいます。どこかで心機一転できたらいいのですが、ずっと同じ環境のなかで過ごさなくてはいけないので。あと親御さんとの問題で言うと、親御さんが子どもに出したい指示を『あなたから言ってください』と私に連絡が来ることもあります」

——えっ、親から青山先生に連絡が来るんですか。

「そう、言葉は悪いかもしれませんが、私を使って子どもを思い通りにしようとする。それはあんまりよろしくないと思うので、のらりくらりとかわそうとするんですが、結構エネルギーの強いお母さんもいるので断るのが大変なんです（笑）。たとえば子どもを医学部に行かせたいのだが、本人は違う進路を希望していて、それを保健室で話したら応援されたと。だから『応援するようなことは言わないで』とか（笑）」

——うわー、それは「余計なこと言うな」ということですね。

「その親は担任にも同じ文句を言っているんですが、それが足りないと感じたらしくてこっちにも言ってくる。それは誤解なんですけれどね（笑）」

——でもそんなこと言われたら、生徒に「やりたいようにやればいいのよ」みたいにうっかり励ますこともできないですね。

「でも、『したいことがあればそれはそれでいいんじゃないか』という立場には立てるので応援はしますけれど、そこでこういう反応が待っているとは思っていなかった（笑）。あと不登校傾向の子どもがいて、ようやく学校に足が向きだしたのでいろいろ話をしてあげてほしい、というような要望が親御さんから来ることもあります。でもそういう子ども本人は話をしたくないっていうのがあるんですよ。親にいろいろ言われるから来てみたもののの……。あんまりお母さんの指示通りに動くわけにはいかないし、かといってむげにも断れないし」

——親御さん自身に相談が必要なケースもありそうですね。

「あります。親御さんが考え込んでグジャグジャなんだけれど、とにかく誰かに話したい。

でも担任に言うわけにはいかない。それで電話をかけてこられて『今、いいですか』って一時間くらい話されたりします。それで少し落ち着くと子どもへのかかわり方もたしかに変わります。子どもはもちろん、親御さんともいかに向きあえるかというのは大事だと思っています」

図書館　生徒の知的好奇心を刺激する「情報発信基地」

取材の初期、麻布の施設内をいろいろ案内していただいて私が感じ入ったのは、受付に置かれた歴史を感じさせる木の机、汚い教室、そして図書館だった。一九九五年、一〇〇周年記念事業のひとつとして建てられた記念館の二、三階にあり、豊富な蔵書、パソコンが二〇台並んだコンピュータスペース（ウィンドウズだけでなくマックも置かれている）など豪華な設備に目を見張った。私も持っている、たしか四〇〇〇部しか刷られなかったベトナム戦争についての分厚いノンフィクションまであってびっくりした。蔵書数約八万冊、一日の利用者は平均してだいたい七〇〇人。毎年購入する図書は二〇〇〇冊から二五〇〇冊、岩波新書、講談社ブルーバックスなどは全てある。

ところでこの図書館には怪談がある。誰にも借りられたことがないある本が、ひとりで勝手に書架から出て、机の上などに移動するというのだ。図書館を案内してもらっていたときに、机の上に読み捨てられた一冊の本を、司書教諭の鳥居明久先生が「ほうらこれがまた動いている」と嬉しそうにとりあげて書架に戻した。本のタイトルは『セックスはなぜ楽しいか』（ジャレド・ダイアモンド著。草思社）。男子校である。

図書購入の日安は、教員たちで構成されている図書館部や生徒からのリクエストなど。ただし書店で平積みされているような流行小説などは「学校図書館の役割じゃない」とあまり置かない。参考書類も置かない。

「理由は……かっこつけでしょうか（笑）。線をひいたりするものだから自分で買ってよ、ということもあります」

校長が書いた参考書がずらりと棚を占領していた私の母校とはだいぶ違うようだ。

生徒からのリクエストによる購入も、「リクエスト数の多さ」という「量」だけではなく、「思い入れ」を考える。あるときには、ドイツ文学が好きな生徒から、『ブリキの太鼓』などで知られるギュンター・グラスの小説を買ってほしいという要望が寄せられた。「古本しかなくてしかも結構高価なんですが、今はあの子しか読まないけれどあとに続く子が出るかもしれないから、じゃ入れましょう、ということになりました」

吉本隆明の講演録を収めたCDセットもかなり高価だったが、

「入れたら本当に聴くのか」

と念押しして購入した。

きめ細かな配慮を感じるのは、高一で書くことになっている社会科の「修論」にあわせた参考図書の購入もしているところだ。

「毎年、生徒が立てた修論の計画書を社会科からもらいます。ひとりずつ計画書をチェックして、テーマにあった本が図書館になければ購入します」

——人気がある本は何ですか。

「中一なら手塚治虫や横山光輝の『三国志』のような漫画ですね。そこから興味がわかれていって、ファンタジーものなら『指輪物語』、小説なら石田衣良《いら》や宮部みゆきなど。レポートをよく書かせるので社会科学系の本もよく読まれています」

——いちばん借りる生徒でどのくらいなんですか。

「去年貸し出しベスト一〇を出したら、一位は高三の生徒で一年間に一一二〇冊借りていました。一回三冊、一週間までが決まりなので、数字があわない。図書委員をやっていた生徒なので、たぶん職権濫用して借りていたんでしょう（笑）。でも延滞は一度もなかったので目をつむりました。彼は外語大学に進んで、今はメキシコに留学して、少数言語のフィールドワークをしています」

図書館に来るのは本が読みたい生徒ばかりとは限らない。ソファの染みは昼寝をしていた生徒の跡だし、パソコンで一八歳未満は見てはいけないHPをのぞいていて、係員から「キミキミ」と肩を叩《たた》かれている生徒もいる。

「貸し出し数にはこだわっていないですね。本が読みたければ来ればいいし、水だけ飲みにきてもいい。その代わりこちらはボールを投げ続ける」

「ボールを投げ続ける」とは、図書館から生徒にアプローチするという意味である。ここが麻布の図書館の大きな特徴なのだが、この図書館は「動く」。ただ本を並べるだけでなく、情報発信基地としての機能を重視している。

毎年夏には、『夏休みに読んでおきたい本のリスト』という、教員が本を紹介した小冊子が作られる。七〇ページ以上もある立派なもので、これ自体が「読み物」として十分楽しめる。麻布のHPにPDFファイルが挙がっているので、大人の夏のブックガイドとしてもお勧めしたい。

また毎年一回、キーワードを決めて「ブックフェア」を開催し、関連書籍の紹介とともに外部から演者を迎える講演会も主催する。岩波ジュニア新書の編集者、NHK解説委員、ノンフィクション作家など、豪華な顔ぶれが揃う。

「講演会の演者は卒業生がそれなりに各方面にいますから、その人脈からたどっていきます。生徒は自由参加ですから、五〇人くらいかなあ。外部の人に来てもらうときは参加者が少なかったらどうしようといつもヒヤヒヤさせられます。漢文の先生が講演したときに、『来たら出席点あげる』と漢文の担当教員が言ったら、いっぱい来ましたね（笑）」

外部の人を招くイベントには「著者を囲む読書会」などもある。これも麻布OBで『マイ・バック・ページ』の川本三郎氏が来るなど、豪華だ。他にも「戦争と平和を考える読書会」がある。

また、豊富な映像ライブラリーを利用して、月に何回か、小教室で「麻布ミニシアター」と銘打った映画鑑賞会も開く。「2001年宇宙の旅」や「情婦マノン」、小津安二郎のDVDセットもあるので「東京物語」も上映した。

「多いときもあれば、ひとりかふたりというときもあります。ま、教員の趣味を押しつけているところもあるので仕方ないかなあ（笑）。観客がゼロにならない限り続けていこうと思っています」

――かなり活発な活動をする図書館ですね。

「私は生徒が教養あるよき社会人になってほしいと考えています。そのためには、図書館は自分がやりたいこと、関心があることは何なのかがわかる場であるべきです。かっこうよく言えば、本とも対話しつつ、他人とも出会っていく。自分が何者であるか、対象とぶつからないとわからないですよね。自己発見のために本と出会うのが大切だと思います。何冊本を貸したとか貸し出し数ではなく、質。自分が広がっていく場所であれば、学校の図書館としていちばんいいと思いますよ」

英語のマツゲン先生のマンデラ大統領の自伝をテキストに使う話や、物理の加藤先生の実験重視授業など、この学校には生徒の知的好奇心をノックするあらゆる仕掛けが施されていると感じる。図書館もまた、その重要な装置のひとつで、教科にかかわらず先生たちの共通意識が徹底しているのが、麻布のよさなのだろうと思った。

工芸　アルバイトのつもりが勤続三五年。超進学校で芸術を教える

麻布の先生インタビューの最後は、校務主任（取材当時、副校長に相当）の彦坂昌宏先生

で締めたい。本書の冒頭にも登場しているように、取材のカウンターパートナーとして我我ともっとも時間を共有し、麻布の教員としても三五年の大ベテランだからである。

彦坂先生が教える科目は「工芸」という。美術、書道、音楽などと同じく、芸術分野の選択授業だ。毎年受講希望者が定員を超えて、抽選になるくらい人気の授業だと聞いた。

麻布のような超進学校で芸術を教える先生について、取材前に私は先入観をもっていた。受験に必要がないので生徒に関心をもってもらえない授業だろう、先生も物足りなさ、つまらなさを感じているのではないか。先生も情熱をもちにくいのではないか……。

しかし彦坂先生と話をしたり、行動をともにするうちに、私の先入観は全く見当外れであることがわかった。

ある日の放課後、工芸の準備室に彦坂先生を訪ねていったときのことだ。

「今日は授業の延長なので、生徒を待っている」

という。課題制作に生徒が夢中になり授業時間内では制作が終わらず、放課後もその生徒のために工芸教室を開放しているのだという。

課題は「プラスチックウエイト」で、自分の想い出にまつわる品物をプラスチックの樹脂で固めて塊にして、ペーパーウエイトにする。凝った生徒がふたり、自分たちが好きな音楽のＣＤジャケットを入れて共同制作にしたい、と名乗りを上げた。下校時間が迫ったので工芸教室に見にいくと、高校生がふたり、作品と格闘していた。

「うーん、この角はもう少し丸くした方がいいな」

「この継ぎ目もうちょっとキレイにしようよ」

ペーパーウエイトといっても、二〇センチ以上ある立派な置物だった。彦坂先生は生徒の作品を下から横から観察して、アドバイスしていく。延長戦になってもまだ終わらない様子だ。

「これ、いつまでに仕上げればいいんですか」

と生徒が訊ねると、彦坂先生は、

「いつでもいいよ。もう（成績の）点数はつけちゃったから」

「あっ、ひでえ」

作品の完成を前に成績をつけられて、生徒が笑いながら抗議した。

受験とは関係のない芸術の科目にこれだけ熱心になる生徒がいる。それをどこまでも受け止める教師がいる。横で見ていて思わず微笑《ほほえ》みたくなるようないい光景だった。

彦坂先生の出身は愛知県。県立高校から東京藝術大学に進学する。ちょっと変わり者の生徒だったのだろう。

「出身校は地方の進学校で、学校の体質にあわなかった。先生とはうまくいかず、学校に期待したことなんかなかった」

藝大を卒業後、そのまま芸術家の途を進もうと考えていたが（実際、彦坂先生は金属オブジェの芸術家として今も活動している）、麻布の非常勤講師の面接を、用事があって行けなくなった先輩のピンチヒッターとして受けた。面接も一時間遅刻して怒られたというのだから、あまり熱心ではなかった。

「週に一回、アルバイトで教えればいいや、と考えていたんですよ。こんな学校で誰も工芸の授業なんか真面目に聞かないだろうし、課題を出してもやらないだろうと思っていました。それが、生徒がみんな熱心なんですよ。すごい作品を作ってくる生徒もいたし、一生懸命やってくれるので、面白いなとびっくりした」

独身時代は終業式のあと、生徒が何人もアパートに遊びにきたという。ベッドの下に隠していた本を生徒に持ち去られ、なくしたのかなと思っていたら卒業後三〇年もたってから、同窓会で、

「あの本、持っていったのは俺です。今、お返しします」

とそのときの生徒に返されて目を白黒させたこともある。

「そんなことがあって、この学校から離れられなくなったんですね。それから専任教員になり、もう三〇年以上、この学校にいることになります」

政経の山岡先生と同じく「アルバイトで来たら楽しくて居着いちゃった」パターンである。公立では考えられない先生だ。

彦坂先生の授業で名物になっているのが、高一で取り組む「ブーメラン制作」である。木から削ってブーメランを作り、色を塗ったり、イラストを描いて実際に飛ばすところまでする。以前は紙の工作をしていたが、生徒から「ずっと机の上で図面ばかり書いて面白くない」と年賀状で「抗議」されて、実技のある授業としてブーメラン制作を思いついた。だからといってブーメランについて知識があったわけではない。ブーメランを購入し、メーカーに「制作過程を知りたい」と電話した。そこでオーストラリアのメーカーを紹介してもらい、その職人が来日したときに行われた講習会に彦坂先生自ら出席して勉強していった。

「生徒の気持ちだけを汲《く》みとってやっている授業なんです」

教科の指導だけでなく、生活指導も熱心だ。麻布の先生はふたつのラインに属する。ひ

授業で制作したブーメラン

とつは教科のつながりで、もうひとつはクラスを担任する同じ学年内の学年会である。彦坂先生はクラス担任と学年主任もしているが、これは芸術系の教員では珍しいことらしい。校長の氷上信廣先生は、

「彦坂さんは学年会でも、ほんとうまいんだよ」

と笑いながら、こんなエピソードを教えてくれた。

学年会でもっとも大きな議題は生徒の進級問題である。クラス担任は「成績も悪いし、問題行動もたまにしますが、本当は根がいい奴なんです」みたいな浪花《なにわ》節を披露して、生徒を温情で救済しようとする。学年会内部での会議ではそれでいいが、職員会議で他の学年会に説明するときは浪花節ではなく何かしらのロジックが要求される。そこで彦坂先生は職員会議で他の先生たちを相手に、とうとう「なぜこの生徒を進級させるのか」を論じる。その内容が理屈であるようで、

理屈でもないらしい。

「とにかく延々としゃべるの。いったん却下されてもまたあとからもちだして、粘り腰で話を続けて、なりふり構わない姿勢を見せているうちに『ま、いいか』ってなるのよ」

彦坂先生はちょっと申し訳なさそうに説明してくれたが、職員会議を終えて他の先生は「何か煙《けむ》に巻かれた気がする」と首を捻《ひね》りつつ会議室をあとにするらしい。その姿は目に見えるようだ。

もちろん生徒想いなのである。だから怒るときはきちんと怒る。家庭に問題があると思うと保護者も呼びだして説教する。校務主任になってからは、対外的に生徒の責任者にもなったので、外部からのクレームにも対応する。麻布のそばにある派出所のお巡りさんが彦坂先生の携帯電話番号を知っていて、「先生、ちょっと来ていただけますか」と呼びだしを受けることもある。

それでいてクラスは自由放任だ。普通、授業の始まりに教師が教室に入ると生徒が「起立、礼」の掛け声をかけるが、彦坂先生のクラスにはそれもない。

「いいんだよ、集中するときにすればそれで」

と言うが、若い先生から「先生のクラスにはなぜ起立がないんですか」と指摘され、笑ってごまかそうとして怒られたこともある。

「今の若い先生、みんなすごい真面目なんだよなー」

と彦坂先生がため息とともに愚痴を漏らすと、横にいた氷上先生が、

「いやそれが普通だから。みんな真面目だから」

とツッコミを入れた。取材者である私の目の前で繰り広げられるふたりの先生の漫才のようなやりとりがおかしい。


生徒が抱えるこの学校特有の問題もある。前出の養護教諭の青山先生が「就任当時からずっと、ここの生徒に独特の緊張感を感じた」と話していたが、彦坂先生も頷く。

「僕は最初感じなかったんだけれど、いろんな人、特に女の先生から『緊張感がある』と聞くんですよ。要するにこの学校はいろんな『一番』の子が集まっている。『僕はこの一番』『俺はこれの一番』みたいに、成績は芳しくなくても、『この点では負けない』という価値観をもって進んでいく。それが自分を保つための条件、みたいなものにもなっている。当人同士はそれほど闘いだと思っていないんですが、部外者から見ると異様な、熾烈な闘いに見えるんです」


自分の立ち位置、キャラ立てを巡る争いと言っていい。当然、疲れてくる生徒もいる。

授業でひとりポツンとして作業が進まない生徒がいると、「パソコンでも見るか」と準備室に呼んでネットで好きなことをさせたりする。そうやってコミュニケーションをとるうちに心を開き始めて、素晴らしい作品を作りあげる子どもがいる。卒業式を終えて、

「先生に救われました」

と言ってくれる生徒に感動する。

「本当におかしくて楽しくてたまらない学校ですよ。この学校でないと続いていないと思うし、自分でもいつかクビになるんだろうと思ってた」

そして、こうつぶやいた。

「僕の人生、結局、麻布に救われたのかな」

それは自分が高校生のころに感じた学校や教師に対する違和感を、この学校で払拭《ふっしょく》できたからだろう。授業で制作したブーメランは、早朝にグラウンドに集合して試し投げをするそうだ。澄んだ空気のなか、思い思いのブーメランが空を駆けていく。その様《さま》を想像すると、何だか笑顔になってしまうのは私だけだろうか。

【麻布のOB　その3】橋本大二郎さん（元高知県知事、キャスター　一九六五年卒）

僕は小学校が学習院でそのまま上に上がるのかなと思っていたら、小学校六年生のある日、父親から突然、麻布を受けろ、今日から家庭教師が来るからと言われたんです。九つ上の兄貴（橋本龍太郎・元首相）とお袋の弟が麻布なので、たぶん親近感があったんじゃないかな？　家庭教師のおばちゃんに虫食い算とか習ったんだけれど何度計算してもわからない。父親は当時文部大臣をしていたので、合格してから同級生に「君が文部大臣の息子ですね」と言われてドキッとしたよ（笑）。

エエ加減な教師も、いい先生もいっぱいいいたなあ。わりと好きだったのは国語の堀木博禮さん。「アンニュイ」という言葉について一時間くらいずっと話をしていたのを覚えている。周りの生徒も勉強してる奴はいたけれど、みんなしてるというわけでもない。偏差値というモノサシができる前だから、みんなとにかく東大を受けるものだと思ってた。校内での順位も実力考査の成績優秀者だけ張りだして、あとはわからないんだよ。一度だけ張りだされたことがあります。成績のよい人を満足させるサービスはするけれど、悪い人にはガッカリさせるサービスはしない（笑）。僕は現役、一浪と二回東大に落ちて慶應です。慶應の教師が「お前たちはみんな東大に落ちて慶應に来てガッカリしているだろう。それは間違いだ」と自分の心境を言い当てたので、理解してくれているんだなと思いました。

クラブは柔道部でした。高一のときに昇段試験があって、二回勝ち抜けば黒帯初段がもらえるんですが、僕は二回とも腰をひいて逃げまくってひきわけにもち込んで、黒帯をとりました。顧問の先生が柔道連盟の理事をされていたから、そのご威光かもしれない。いろんなところでご威光だらけだ（笑）。そのあと仲間とバンドを作って、ベンチャーズのインストルメンタルを演奏してました。名前が「ブラックセインツ」というんですが、恥ずかしいものがある（笑）。文化祭でも演奏したし、当時はダンスパーティが多かったのでよくアルバイトに呼ばれました、あんな下手な演奏なのに。

麻布は自由ですが、自由とはバランス感覚も身につけること。人を束縛してはいけないし、一方で何でも勝手にできるわけではないので自分を律しないといけない。そのなかで判断力が磨かれて、人としてのボリュームが増したと思います。

第四章　岐路に立つ麻布

文化祭のステージ

「来校者向けの発表会」とは一線を画した文化祭

麻布が一八九五年の学校創立以来、大切にしてきているのが「自主・自立」の精神である。その象徴とされているのが、毎年五月か六月に行われている文化祭だ。見学は誰が行っても自由で、三日間で来校者が数万人にも及ぶという同校最大のイベントである。生徒のアンケートにもあったように、「文化祭に見学に来て麻布志望になった」という者は多い。合格発表直後でも、そう答える合格者の小学生が圧倒的に多かった。

当日は中庭にステージを設置してイベントスペースにして、展示は各教室だけでなく体育館も仕切りを作ってブースにして行う。芸能人のようなゲストは招かず、全て生徒の手作りである。ユニークなのは出展者で、クラブや「同好の士」(音楽バンドなど)だけでなく、個人でも認められる。私が見学に行ったときは、素晴らしい水彩画を個人展示していた生徒がいた。逆にクラス単位の出展はほとんどない。

文化祭の運営を担当しているのが、文化祭実行委員会、略称・文実である。生徒会の存在しない麻布では最大の生徒集団といってよいかもしれない。文実は中一から高二までが加わり(高三は受験などを考慮して参加しない)、トップの委員長とナンバー2の会計局長は前年の一一月に選挙をして選ばれる（ちなみにリコール制度もある）。このふたりが、文実の九つの部門（総務局、飲食部門、美術部門など）の部門長を選び、その部門長の下にそれぞれスタッフがつく。総勢でだいたい四〇人ほどになる（二〇一三年まで。二〇一四年以降は名称を変更した別組織で文化祭を運営）。

ある年の文実委員長のA君と、会計局長のB君にインタビューした。ふたりとも文実スタッフの〝恒例〟として髪を派手に染めているが、お昼ご飯のお弁当にこちらが強く勧めるまで手をつけないなど、礼儀正しい青年だった。髪を染める理由を訊ねると、委員長のA君は「意味はないですね」、B君は「自由を体現しているだけ」と答えた。

A君が文実に参加したのは中二から。先輩たちの活動に関心をもち、文化祭が好きで選挙に立候補して当選したのだそうだ。A君には「文化祭の理想像」があるという。

「それは全校が参加するような文化祭です。文化祭実行委員のメンバーだけじゃなく、いろんな展示団体とも仲よく、全員でひとつのものを共有してる意識の下で文化祭をやりたいと考えています」

ということは、文化祭を巡って生徒の一体感に欠ける前提があるのだろうか。B君が語る。

「そうですね。文実の活動を他の生徒があまり好きじゃなかったり、文実もわざと内輪な空気を流しているところがあったので、それは絶対に変えたかった。全校生徒一八〇〇人に参加してもらって、楽しんでもらうことをいちばんの目標にしています」

これまで多くの麻布の生徒と対話を繰り返していて、少し驚いたのが、文実に対して批判的な視線を向ける者が少なくないことだった。彼らは文実の派手な外見や言動、「内輪ノリ」について反感めいた感情や距離を置こうとする姿勢を隠そうとしなかった。

私が見学した文化祭の最終日のラストでこんなシーンがあった。中央ステージに文実スタッフと、見学に来て誘われた女子高生たちが上がり、女子高生に「つきあってください」と言って断られるたびにスタッフがステージから突き落とされるというパフォーマンスを延々と繰り返していた。率直なところ、外部の私には何が面白いのかさっぱりわからなかったのだが、一般の生徒もあまり見にきていなかったところからすると、同じような感情をもったのかもしれない。しかし文実のスタッフにはそうした一般の生徒らを「いけてない奴ら」と見る、ちょっと差別化した感情もあるようだ。私自身、高校生時代には何かの中心になるというより「傍観者」的な立場に立つことがほとんどだったので、一般の生徒が文実スタッフに抱く気持ちは共感でき、世間に対して理由なく抱く不満、反感の発露に似たものでもあるように感じる。特に何事においても「自分で考える」ことを至上の価値に置くようなこの学校では、学校最大の行事だから、ということが簡単に一枚岩になる理由にはならない。A君とB君の問題意識はそういう状況を前提にしてある。

運営は当日の仕切りだけでなく、予算の管理もする。文化祭の予算は保護者が負担する生徒活動費や学校からの補助金、Tシャツなど文化祭グッズを売った収益などあわせて総額六二〇万円に達するという。高校生が扱うにしては巨額だが、これを予算請求してきた部門に仕分けたり、彼らだけでコントロールして運営して、ちゃんと毎年黒字というのだからたいしたものである。

麻布の文化祭について、A君は、

「麻布生が楽しんでる、ということがいちばんのポイントだと思います。外から来た人が見て楽しい展示ももちろんあるんですが、外から来た人が見ても楽しくないだろうという展示とか、他校ならやらないようなことも麻布は結構やっちゃう。自己満（足）というか、麻布生が楽しむということが来校者を楽しませることにつながってるというのもあって、麻布っていう枠でいろんなことを考えているところが、麻布の文化祭には強いと思います」

自己満足というと語弊があるが、B君の補足によれば、

「来校者向けの発表会という位置づけは完全にないということ」

外部の人間の目を意識して「らしくない」振る舞いはしないということのようだ。これには個人的に感じるところがあった。

私が高校一年生のとき、社会科の先生が「文化祭にオバケ屋敷とか飲食の屋台があるのはおかしいのではないか」と言いだした。講堂に生徒が集められ彼が一席ぶった。

「文化とは、まだ人間になる前のサルが夕日を見て立ち上がり、『ああ、きれいだな』と感じる心が文化なのです」

概略にすぎるがこれしか覚えていない。文化の定義はさておき、自分が考えた「理想の文化祭」を押しつけてくるやり方に今の私なら「先生がやりたいのはナチスの文化祭ですか」と言うだろう。しかし当時は職員会議で彼の言い分がそのまま通り、当日は吹奏楽部の演奏や演劇部のお芝居程度の非常にこぢんまりした「真面目な」演目しか上演されなかった。バンドをやっていた連中のロックも、焼きそばの屋台のようなものもなかった。やっている方も見ている方も、「参加」している意識は全くなかった。

文実の彼らが目指すのはそういう妙な気取りや外聞を気にせず、とりあえず自分たちが面白いと思ったことを全力でやる、ということだ。

「僕らは麻布がまとまるために文化祭をやってる。ひとりひとりが楽しむことが広がって、学年をへだてず、組織も、部活動も何もへだてずに、文化祭という枠でまとまるのが目標です。麻布に個性が強い奴が集まってるとは思わないんですけど、本来もってる個性をちゃんと発揮できる場所があるのが麻布で、その最たる場所が文化祭なんです」（A君）

この学校では文化祭はさらにもうひとつの意味がある。それは節目である。高二の五月か六月の文化祭、あるいは一〇月の運動会が終わってから、大半の生徒がやっと受験勉強に本腰を入れていく。A君とB君もその例に漏れないようで、

「ほんとに高二の学力とか、開成とかとレベルが違うくらい低いと思うんですけど、今」

とA君が苦笑いすると、B君も笑いながら、

「今、半端ないくらい学力が低いよね」

と頷いた。

A君「ほんとに僕ら、文化祭と運動会が終わって、この髪も全てなくしてから勉強を始めてなぜか受かっちゃう人が……」

B君「ポツポツいて」

A君「ポツポツいて、ある程度の成績を残してるというのにすぎないですね（笑）」

――（笑）学校生活が楽しすぎちゃうんですか。

A君「そうですね、たぶん」

B君「楽しすぎちゃいますね」

A君「僕としてはあんま、学校っていうとらえ方してないんです。感覚としては学校っていうか、もう一軒の家みたいな感じです」

身をすり減らしながら大人になる

そのあり方に議論はあるものの、学校最大のイベントを仕掛けることで充実したスクールライフを過ごせることに間違いはないだろう。麻布の価値観、校風を体現したような文実の経験は、その後、社会に出てどのような効果をもたらすのだろうか。

「麻布での想い出は文実ばかり」

というOBに会った。岩手県釜石市で副市長を務める嶋田賢和さん（取材当時。二〇〇二年卒）である。

嶋田さんは麻布から一橋大学経済学部を経て財務省に入省。二〇一一年の東日本大震災を機に「被災地で仕事をしたい」と岩手県釜石市に志願して出向し、釜石市副市長として被災地の復興を手がける仕事をしている。

嶋田さんを知ったのは、副市長になる前の出向時代に麻布で生徒や保護者を対象に行った講演会である。ユーモアのある語り口と明確な言葉、気さくな雰囲気に興味をもってすぐ取材を申し込んだ。

――文実はいつから参加していたんですか。

「中一からです。入学して初めての定期試験の地理で一二点をとって早々と学問の途で身を立てることを諦めまして、麻布での六年間は文実の想い出ばかりですね」

――どんな想い出ですか。

「基本的に会議が揉めるんですよ。議論の仕方もわからないのでひたすら揉めているのですが、そういう場を収める先輩たちを見て、かっこいいなあと思いました。責任をもって場を収める彼らみたいな存在になりたいと当時も今も思っています」

――その経験は今の仕事に活かされていますか。

「学んだことは三つぐらいあって、まず何事も他人ごとと思わず自分のことと思う当事者意識、自分たちの意見に賛成してくれない人とその背景に思いをはせる想像力、あと決断力・判断力ですね。文化祭のアウトプットとそのためにかけた労力を比較すると改善の余地も大きいかもしれないですが、少年たちがめいっぱい背伸びして、自分たちのやりたいことは何だろうと考えて、いろんな人の利害調整のために知恵を絞る。当時の私は三つとも欠落していた少年だったので、そういう能力を備えた人たちを見て、すごいなあと感じていました。僕は髪の毛キンキンに染めた見た目だけの野郎で、成績も最悪でした。親は中二ぐらいから『開成に行かせればよかった』ってため息ついてましたよ。開成を受けても受かんないですけど」

——麻布の学園生活はどんな印象がありますか。

「互いのキャラクターを確認しあい、お互いがお前はどうなんだと突き詰めあうシンドさは多少あるかもしれません。でも勉強ができるだけで何も知らない少年たちがぶつかりあって、若干身をすり減らしながらなんとなく大人になっていくプロセスは大切ではないでしょうか。中一の生意気な少年が、卒業するころには大人になっています」

嶋田さんの言う「お互いが、お前はどうなんだ、と突き詰めあう」というのは、彦坂先生や養護教諭の青山先生が指摘していた「この学校の生徒に漂う独特な緊張感」に通じる。私はそれを一種の「息苦しさ」ととらえていたのだが、嶋田さんはそれも大人になる過程で必要なことと言う。

――大学を出て官僚になろうと思った理由は何ですか。

「就職活動のときはすごく考え込みました。麻布から大学に入って、卒業して、自分の世界がワーッと広がるわけですよね。守るべきものを守る仕事がしたい、では守るべきものは何かなと考えたら、自分を育ててくれた日本という国かな、と思いました。そうしたなか、たまたま財務省の方とお会いする機会があって、『俺たちが日本を支えていくんだ』とおっしゃっていました。文実のときから、僕はみんなの意見を調整して物事を前に進めることが好きなんですよ」

――入省してから、自分が麻布出身だと思わされたことってありますか。

「同僚で帰国子女の女性がいるんですが、彼女から『日本人で優秀とされる人はある制約条件下で最適な道はこれ、という議論が得意なのに、嶋田君はまずその制約条件とか前提をひっくり返そうとするよね』って言われて、ほうと思いました。前提とされているものを疑うところから始めてみる、というのは麻布で教育を受けた恩恵だと思います。あとは、省内で同じ高校出身者が集まって飲む際、他の学校だとちゃんと定時に始まって、いちばん偉い人の講話から始まるそうなんですが、麻布はもう定時前からおじさんたちが勝手にグイグイ飲んでる。求められて新入者の挨拶をしたら『この役所のマズイと思ってるところは何だ』『今のは官僚答弁みたいだからダメだ。もっと本音でしゃべれ』ってヤジが飛んでくる。なんなんだろうこの集まりは、と思いました」

――釜石市への出向は志願ですよね。理由は何でしょうか。

「問題を解決するには表面的な取組みではなく、その背後にある構造を直さないと解決にならないと職場で叩き込まれています。被災地の現場で復興事業が進んでいないならば、原因は何なのか。仕事がうまく回るよう切り盛りしたい、みたいな。あとは月並みですが、使命感です」

――財務省の高級官僚から地方の小さな自治体に飛び込んでいくというのは、勇気のある決断だと思うんですが。

「それよく言われるんですが、そうですか？　自分ではそうは思わないです」

文化祭など学校行事を生徒自らコントロールすることは「自主・自立」の目的ではなく、その活動を通して精神の自主・自立を獲得する手段である。生徒同士がぶつかりあう過程のなかで（ときには無意味な傷を負うこともあるだろう）、自分のなかの背骨のようなものができて、自由な価値観、固定観念からの解放を手に入れていく。それが社会に出たときに、独特の存在感となってきらめく。

とはいえ、全ての生徒が自由を謳歌できるわけではなく、自由からこぼれ落ちていく者もいる。はき違える者も当然いる。機関としての学校はどうそれに向きあっているのか。

「蓬《よもぎ》にすさぶ　人の心を　矯《た》めむ麻の葉　かざしにさして」

「生徒のときは、麻布の先生は楽でいいなあ、と思っていたんですが、教師になってみて、こんなに生徒のことを考えていたのかとびっくりしましたよ」

と語るのは、麻布ＯＢで現在は校長を務める平秀明先生である。

平先生は東大工学部に在籍中は学者の途を考えていたが、

「大学でいろんな人と議論していて、自分より頭がいい人がいっぱいいるなあとわかりました。また、モノより人が相手の職業がいいなと思いました」

それで工学部を卒業後に教育学部に学士入学した。当初は都立高校の理科の教員を目指していたが、先に内定が出たので麻布に来た。

教師となって母校に赴任して、驚いたのが職員会議での熱の入れぶりだった。特に非行を働いた生徒の処遇について、三時間も四時間も教師同士が激論を戦わせる姿に、ある種の感動を覚えたという。

「麻布って生徒のためにこんだけ時間をかけて、夜遅くまで話しあっていたんだ、ただ勉強だけ教えている学校じゃないんだ、とわかりました。僕が生徒だったころは紛争直後ということもあり、先輩は教師の言うことなんか聞くものかという態度でした。クラブ活動も顧問はいるけれど自分たちだけでやって、先生たちのそういう苦労を感じていなかった」

職員会議は毎週水曜日にあって、午後三時半から始まり六時、七時まで続くのは当たり前という。さらにそのあと、学年会といって各クラスの正副担任が学年ごとに集まり、生徒ひとりずつの学習面、生活面についての指導を話しあう。

「麻布の先生は教科の仕事が四割、そのあとの生徒の仕事が六割ですかね。(「教科が八割だと思っていました」)いやいやそんな先生はいないですよ。麻布は校長があれをやれこれをやれと指示する学校じゃないので、教員も生徒と同じように図書館部、進路指導部、教務部などに担当がわかれまして、教科以外に割かれる時間がすごく多いんですよ。でもそれは教員たちの自立性の証《あかし》でもあるので、サボれない。校務主任で教科を教えていたころは僕も週一〇時間の授業があって、それ以外の時間割のなかに週八回の会議、時間割からはみだした職員会議もありました。さらに担任をやると問題行動を起こした生徒を空き時間に呼びだしたりするわけですから、エネルギーがすごい」

平先生は似たような他の私立進学校の教師と話をしたとき、その人物が、

「うちには問題行動をとる生徒はいない」

と言い、その理由を聞いて衝撃を受けた。

「なぜなら、そういう生徒は退学にするから」

一方、平先生はこう言う。

「うちは一回受け入れた生徒には、その子が人間としてしっかりするように責任をもつ学校です。問題を起こせば授業に出させないで、いろんな教員が面談を繰り返します。勉強よりも人間としてまっとうなことが大事だという認識を共有しています」

平先生によると、麻布の精神がより表れているのは「校歌の二番」だという。

「だいたい校歌はどこも一番で校舎がある場所の風景を歌い、二番で校風の本質をとりあげるんですよ」

その二番にこうある。

蓬にすさぶ　人の心を

矯めむ麻の葉　かざしにさして
愛と誠を　もといとたてつ
新しき道　先がけ行かむ

（作詞　森六蔵 他）

蓬のようにすさんだ心を麻のようにまっすぐ育てる――。

「ちょっと道を外して教員の世話になって立ち直ったような生徒は、卒業式でこの二番を歌ってしみじみ感じるんじゃないでしょうかね。この学校には、もともと都立の名門校を落ちた子が来ていた歴史がありますし、他の学校を放り出された子を面倒見て卒業させてきた伝統もある。うちがほとんど退学させないのは、そういう目に見えない部分がちゃんと根づいているからだと思います」

生徒の問題で平先生が今いちばん心を痛めているのが、不登校だ。不登校になる生徒は昔からいることはいた。しかし昔は高校一年生になって勉強についていけない、とか成績不振など「それなり」の理由があったのだが、最近は中学に合格して、いきなり来なくなるケースが目につくという。

「せっかくこんな難しい試験を受けて合格したのに、燃え尽き症候群というのか、中一の早い段階から来なくなる子どもがいます。だいたい各学年に三人ぐらい。原因は小学校時代にイジメられていたりとか、家庭に問題があったりとか。学校に来られるようだったら、対症療法に過ぎないのですが、スクールカウンセラーの先生が待機しているカウンセラー室で過ごしてもらうこともしています。先生によっては家庭の問題に踏み込んで、親に『口うるさく勉強のことは言わないで好きなことをやらせてほしい』とか言ったりします」

子どもの勉強の面倒だけを見るのではなく、心の問題、家庭まで踏み込んでいく教師たちの姿は、世間一般が想像する私立進学校のイメージからかけ離れているのではないだろうか。ただ生徒を「放牧」して「自由」を与えているのではなく、教師たちが陰で支えているからこその自由である。そのことがこの学校の最大の価値観であることを、教師・生徒ともに認識を共有できていることも大きい。

受験者数減少のワケ

だが麻布のそういう価値観がどこまで保護者に理解されているのか。

二〇一二年、麻布の中学入試の出願数が前年より一六一人も減り八三四人になったことが、受験界に大きな衝撃をもって受け止められた。現在は八七〇〇人台まで戻したが、ここ三年間で四年前の水準まで回復はしていない。

東京都の私立中学受験者の割合は下り坂傾向にある。理由は少子化がまずあり、そして不景気が長引いていること、公立の中高一貫校が登場したことなど、である。しかし受験者数を減らすのは偏差値と大学進学実績で中堅より下位校で、麻布など上位校は「勝ち組」として人気を保ち続けるだろうと考えられていた。それだけに麻布の受験者数減は、受験産業界にも、麻布にも、予想外の出来事だった。

その後の調査で、減った原因がおぼろげながらわかってきた。

まず減った一六一人のうち約六〇人が関西や九州の塾からツアーで来るグループだった。彼らは合格しても入学手続きをすることはなく、一種の「力試し」に来ていた。来なくなった理由は、不景気でツアーを敢行する余裕が塾や保護者になくなったこと、二〇一一年の東日本大震災以降、東日本に子どもが向かうことを忌避する傾向が保護者にあること、などが考えられた。

残りの一〇〇人は東京と神奈川の他の名門私立に流れていた。私は麻布と試験日が一緒で、東大合格者数ランキングでベスト一〇に入る「ライバル校」の合格者発表を訪れ、麻布を避けた理由を訊ねて回った。
「麻布と比べてこちらの方が自由と規律のバランスがとれている」（母親）
「麻布は自由すぎる」（母親）
「麻布は自由すぎて歯止めがかからなさそう。しっかりしたお子さんなら、いいのでは」（父親）
「麻布の文化祭を見学に行ったが、金髪の生徒とかがいて息子があわないと感じたようだ」（父親）
「落ち着いた校風が自分にあうと本人が志望した。麻布は子どものカラーにあわないと思う」（父親）
「麻布の文化祭に行くと髪の毛を七色に染めた子とかがいて、本人が怖がってあわないと感じたらしい」（父親）
取材した麻布の生徒が志望動機に「文化祭を見たから」と挙げたのとは対照的だ。ちなみに子どもにも話を聞こうと試みたが、恥ずかしがってなかなか答えてくれなかった。麻布の合格者発表だと、保護者と会話していると「何の話しているの？」と子どもが会話に割り込んでくる。また学校説明会の違いを指摘する保護者もいた。麻布では説明会で進学実績について説明しない。私はユニークで飾らないスタイルに感銘を受けたが、大学進学率に関心が高い親のなかには不満をもつ人がいても無理はない。他校では過去三年分の生徒を匿名にして、在籍時の成績と進学先をリストにして保護者に配布するところもある。それを見れば、たとえば学校で一〇番以内なら東大や医学部に現役で合格するとか、下位でも一浪すれば京大に合格するなど、イメージをつかみやすい。麻布ではこういうリストがないことに、

「麻布の先生は教育に熱心なのかどうかわからない」

と、疑問を投げかける母親もいた。こうした保護者からすれば、「教育熱心な学校＝進学指導を熱心にする」と映るのである。

また学習塾の関係者は、麻布が避けられる理由として「浪人率の高さ」を指摘する。麻布は東大をはじめとする難関大学の合格者数が多いが、実は卒業生の六割が浪人するほど、浪人率が高い。口さがなく「麻布は七年制の学校」と言う人もいるくらいだ。一方、麻布から受験生が流れた別の学校は現役合格率が高かった。不況を反映して、大学の現役合格率の高いところを保護者が選び始めた。

受験システムを工夫している学校もある。麻布は二月一日に試験を行い、三日に合格を

発表する。しかし三日はトップ校の筑波大附属駒場（筑駒）の試験日でもある。そこで二月一日に試験をして、翌二日に合格を発表する学校がある。そうすれば保護者はあらかじめ三日の受験用に筑駒と滑り止め用の中学の二つに願書を提出しておき、一日が試験日の学校に合格していれば筑駒にチャレンジ、失敗していたなら滑り止め校に受験を切り換えることができる。だが、先述したように麻布の試験内容と採点作業からすると、二日に発表することは事実上不可能だ。自由な校風、入試における丁寧さという麻布の特徴がむしろ受験者減を招く皮肉な側面がある。

二兎を追う学校

受験者数が大きく減ったことについて、取材当時の校長で現在は学園理事を務める氷上信廣先生は、

「世の中が堅実志向になってきた表れ」

と表現する。

「毎年、入学したばかりの中学一年生の保護者から、『学校が六時で終わったのに帰宅が九時とは、どういうことなんだ』という趣旨の電話を学校にいただく。たぶん帰りに先輩

とどこかに寄り道したり、話し込んだりしているんでしょう。私は学校の外で楽しいことを見つけたり、そういう経験を積むことが大切だと思うんですが、まあ、保護者にしたらこの間まで小学生だった息子の帰宅時間がいきなり遅くなったら不安にはなるでしょう。親としたら校外まで含めてもう少し子どもを管理してくれたら学校のイメージがつかみやすいのでしょうが、ここはクラブや学内活動を奨励していますし、委員会なども生徒の自主性に任せていますから。管理を求める親からすると、麻布に子どもを行かせるのは賭《か》けみたいなところがあるんじゃないですか」

口調から察せられる通り、氷上先生は受験者数が減ったからといって「ただちに教育方針を変えるわけにはいかない」と言う。一方で、こんな「反省」も口にする。

「ただ、学校について保護者に説明が足りていなかったのではないか、ということは痛感しています。自由な学校ではありますが、けっしていい加減ではないことが伝わっていない。学校が生徒の面倒を見るのは当たり前と思っていたので、それについて説明が足りていなかったのかもしれない」

麻布はイメージと実際のギャップが大きい。そのギャップを埋める「責任」（特に受験生の保護者に対して）は、麻布にある。

氷上先生が校長になったとき、前任者から、

「この学校を運営するのは、山の稜線《りょうせん》を歩くようなものだよ」

と忠告されたという。

「東大合格者数を増やすことだけ考えて、ただの進学校にしてしまえば話は簡単なんです。しかしそれでは今までこの学校が育《はぐく》んできた伝統や大切にしてきた価値観を失う恐れがある。進学実績を気にしつつ、自由な校風を維持していく。二律背反のような学校運営をしなければならない。本当に難しいことです」

東大進学率について、氷上先生は「そりゃ気にしますよ」と言う。

「うちは東大合格者数ランキングのベスト一〇から落ちたことがない。そこが最低ラインかなと思っています。人数で言うと七〇人、本音では常時八〇人は入ってほしい。九〇人とか一〇〇人も入った年も珍しくないわけですから」

氷上先生が校長に就任した翌年の二〇〇四年度、東大合格者数が、かろうじてトップ一〇内はキープしたものの激減した。月刊誌に「麻布の凋落《ちょうらく》」という記事まで書かれ、PTA総会でそのことについて言及することを求められた。

「そのとき初めて、僕は『麻布は二兎を追う学校です』と言ったんです。最初のウサギは

進学実績のこと。東大合格者数が激減しても麻布の存在意義が問われるとは全く思わないし、必ず復活するからと。もうひとつのウサギが人間形成です。そのために生徒は自主自立して積極的にクラブ活動などを自分たちで運営する。凋落というような、学校そのものがダメになったような言われ方をして全く心外だと言いました。以来、僕は生徒にも『二兎を追え』と言っているんです」

東大合格者数が減ると、中一などの保護者会では不安な雰囲気が伝わってくる。ただ学年が上がるにつれそういう空気は薄れ、逆に「クラブ活動にもっと力を入れさせていいか」と訊ねる親が出てくるという。

「僕は保護者に『浪人してもいいんだ』くらいのことすら、言います。生徒は早くから二兎を追うことを考えていて、その二歩三歩遅れて親にもわかる。実際に卒業するときに『楽しい学校でした』と言われることが、僕らの目標とする到達点かな」

この方針は氷上先生のあと校長に就任した平先生にも受け継がれている。

「受験生を集めるために進学率を前面に押し出すのは、うちは恥ずかしいですね。入学競争率が三倍を切ったとはいえ、まだ二倍を超えています。偏差値で輪切りにされるのではなくて、実際に足を運んでいただき、生徒さん保護者さんに選んでほしい。麻布は進学率で選ぶよりは、校風とか教育の中身で来てほしいというメッセージを出していきたい。もちろん大学に行きたい人の背中はあと押しします。でも氷上さんが『二兎を追う』と言ったように、進学だけでなくクラブ活動にも打ち込んでほしい。教員たちの間にも、現役合格を増やそう、という声は出ていません。あんまりそっちの方に目がいくと学校が違う学校になってしまう気がします。『最終学歴・麻布』で十分やっていける教育でやっていますから」

平先生が保護者に意見を訊いても、父親には「のびのびして一年くらい浪人してもいいのでは」という意見が多いという。

「一浪すれば第二志望くらいの大学には入っていますので、長い人生で見れば好きなことをして浪人するのもマイナスではないのかな、という気がします。現役進学率が四〇パーセントちょっとと言われますが、二〇年前の団塊ジュニア世代では二〇パーセントなので、そのころを知る自分としては、増えたじゃないかと思っているんですけれど」

一方で氷上先生も挙げていた説明会への取組みは始めている。今まで五月に東京私立中学高等学校協会が主催するものと一〇月に学校独自のものと年二回しか行っていなかったが、それを各種団体が主催するものにも参加して一気に五回に増やした。これは保護者に説明する機会であると同時に、受験生の親と教師が直接対話することでその意識を知るよい機会にもなったという。

「新たに参加した説明会では、親御さんは熱心に校風について訊いてこられます。勉強についていけなかったらどうなるか、自由な校風で遊びすぎたりしないかとか、今までの説明会になかった質問が多いのが印象的です。説明会に出席する教員も、今までそういうものに参加したことがない人にも出てもらっているんですが、入学を考えている保護者はこういうことを考えているのかと、みんな驚いていました。人に説明するためには自分の学校がどういう学校なのか意識せざるを得ないわけで、それも逆によい経験になったと思います」

現在通っている生徒の保護者のケアにもてこ入れした。

麻布では保護者のサークル活動が盛んだ。コーラスグループや手芸サークルのようなものもある。私たちが取材で学校を訪れると、しばしば保護者の姿を見たのはそういう理由だったのだ。また地区会といって、学年を超えて住んでいる地域、先生の集まりもある。そこが、中一のお母さんが高校生のお母さんと同じテーブルで語りあう場になる。息子のこれからの成長や学校の仕組み、勉強への取組みなどを学校の代わりに先輩の保護者がアドバイスしてくれることもあり、つながりが強くなった。

また男性の保護者向けに「親父の会」というイベントもある。地下の食堂にお父さんたちを集めて、校長や校務主任たちと酒を酌み交わすのである。

「これは氷上先生の代から始めて、毎年、七、八〇人の参加者がいます。校長たちがテーブルを回って、お父さんと学校とで考え方を共有するために始めたんですが、お父さんは理解者が多いですね。当然二次会も近くの焼き鳥屋で行います」

平先生は麻布の教育方針について、こう語る。

「上から教え込むというよりは、自分が考えた上で『これが大事だ』と感じたことを勉強させたいんですよね。教員はティーチャーなんですが、内容をティーチするのではなく、勉強の楽しさをティーチする。生徒には幅広く教養を身につけてほしい。特に文系・理系にわかれると、将来視野が狭くなる。それがこの間の震災や原発事故で官僚の人に問われたことじゃないかと思うんです。本当に人間として底力が発揮できるのは、その人がどういうバックボーンをもって研究し、勉強し、考えてきたのか、ということだと思う。ところが大学教育は二〇年前から教養分野が疎《おろそ》かになってきて、大学生のなかでも、大学はスキルを身につけるところだ、と思われてしまう哀しいことになっている。だからそこの部分を高校でやってやろうという気持ちでいます」

「麻布もカリキュラムを工夫して大学進学だけに注力すれば実績は上がるでしょう。でも生徒は生きている人間ですから、工業製品を作っているのとは違う。進学マニュアルがあっても生徒の適性も希望もひとりひとり違いますし、明確な進学の意思がその子にあるならあと押しするけれども、そういう芽がないときに中学からハッパをかけるのはやはり違うと思うんですよね。今は卒業後に資格に結びついてすぐ飯の種になる大学の学部が人気ですが、それはせいぜい一〇年くらい先しか見ていないと思うんですよ。僕は中学高校を卒業して二〇年三〇年たって振り返って、『ああ、いい学校だったな』とふと思ってくれるような学校にしたいと考えています」

不景気の影響で受験生の保護者には、中学の偏差値という入り口と、大学進学実績という出口というわかりやすい数字の費用対効果を重視する傾向がますます強まっている。校風や教育理念という、入り口と出口の間にある「真ん中」を強調する麻布のアピールがどこまで保護者に伝わるか。岐路に立っているのは、麻布と同時に保護者の教育観でもある。

【麻布のOB　その4】中条省平さん（学習院大学文学部フランス語圏文化学科教授　一九七三年卒）

僕は中学三年生のときに書いた映画評論「『薔薇《ばら》の葬列』論　現代状況への批判の刃《やいば》」という文章が『季刊フィルム』という雑誌に掲載されて、一部で話題になったことがあります。「早熟の天才現る」みたいな恥ずかしいもちあげられ方をされたんですが、麻布という環境があったからこそ、ああいう文章が書けたんですね。旧友たちのなかには小学生のときから前衛ジャズを聴いたり、伊藤整の小説を読んだりしているような連中がいた。勉強だけ頑張って入学したのじゃなくて、他のこともしてて麻布に受かった余裕があったというか、文化的な触覚が非常に鋭敏な人が多かった。そういう友人たちから文化的な刺激を受けて、張りあうためもあって僕は映画の世界にのめり込んでいきました。そのあと映画評を書く仕事を雑誌社からもらうんですが、つまらなくなって辞めてしまいました。映画が楽しいから観にいくのに、自分が映画を言葉で支配できるような錯覚にとらわれてしまったんです。若いときに鼻柱をへし折られて本当によかった。

先生はいろいろな人がいましたよ。僕は数学がダメだったんですが、数学の先生のオリジナルの教材で微分積分を教わったら、それだけはできるようになったんです。教育的資質をもった人が教えれば苦手な生徒でもわかるようになるものだなと実感しました。「微積分入門」と赤い表紙に書かれた薄い小冊子だったのを今でも覚えています。一方で幾何の先生はおじいちゃんで、何を言ってるかさっぱりわからなかったな（笑）。手が震えていて三角定規で黒板に直線を引いても波打ってるんだもの。人間的には好きだったけれど。

大学は現役と一浪と二度東大に落ちました。それで将来の潰《つぶ》しが利くかなと思って東京外国語大学の英米語学科に行ったんですが、そういう不純な動機で選んでいるから授業がつまらない。二〇歳過ぎていちばん興味があったのがフランス文学だったので、教授陣が充実していた学習院大学に入り直しました。早稲田、慶應、上智も受かりましたけれど、世俗的な理由で大学を選ぶと失敗すると外語大のときに学んだので（笑）、偏差値はそれほどでもなかったけれどいちばん先生が充実している学習院を選んで、結果的によかったですね。やはり未熟者の分際で「将来安定するから」とか不純な理由で選んじゃいけないですよね（笑）。今は浪人を避ける傾向があるそうですが、僕なんか四年浪人したようなもんですよ。短距離でどこを目指しているのかなぁ。

【麻布のＯＢ　その5】古川　享《すすむ》さん（慶應義塾大学大学院メディアデザイン研究科教授　一九七三年卒）

学園紛争で山内（一郎）校長代行が退陣を表明したとき、僕は文化祭実行委員会の広報として活動していました。僕のカメラには機動隊と揉みあったときに警棒で殴られて凹《へこ》んだ跡が残っています。学園側が生徒と職員をロックアウト（締め出し）して、あと三日それが続いたら中一から高三まで全員留年だった。僕らは公民館とかいろんな場所を借りてＯＢも含む社会人・有識者を呼んで自主授業をやってました。

文化祭のときに、学生運動に影響を受けた他校の生徒や大学生が殴り込んできて、学校側はそれに対処するために機動隊を校内に入れました。僕らは変な愚連隊みたいな連中はゴメンだから追いだして、そのあと山内代行になぜ機動隊を入れたのか、問い詰めるために中庭で座り込みを始めたんです。雨がざんざん降ってきて、機動隊がひとりずつごぼう抜きして生徒を外に出していく。抵抗して手を出したら即逮捕だから、中学生から高校生までスクラムを組んで、雨のなかずっと座っていた。当時の学生運動は東大紛争の安田講堂攻防戦を含めてすごく荒れていた時期なんですが、麻布は自治を取り戻そうとしている運動で、他とは違うぞみたいな雰囲気が社会にも伝わっていて、それが僕らに味方しました。

そのころの麻布は一九〇センチぐらいあるハゲ坊主が竹刀を振り回しながら校内を歩いて、長髪の生徒を見かけたらいきなり部屋に連れ込んでハサミで切ったり、気に入らないことがあると学生証を取りあげて親と一緒に謝りにこないと返さないと脅かしたり、バカげたことが横行してました。先生も締め付けが厳しくてみんなビクビクしながら教えていましたよ。

学園紛争で麻布らしい降着の仕方だなと思うのは、制服が標準服になったこと。他校では制服廃止運動になったんだけど、私服しかダメとなったらお金がかかるじゃない。制服を着てはいけないと廃止するんじゃなくて、標準服でも私服でも生徒たちの選択に委ねようというのが麻布らしさなんだと思う。

僕は三浪したあと和光大学に入って、そこでパーソナルコンピュータの世界と出会って大学を中退し、アスキー、マイクロソフトと会社を経由して今、大学にいます。一貫して考えてきたのは、パソコン、ネットワークの使命とは、ただ物理的な距離を超えて人と人をつなぐということだけじゃなくて、お互いの人格を尊重しあう人々がつながることなんです。そういう思想の根源には、自分のなかに闘争を経験した麻布のカルチャーがあるのだと思います。

第五章　ある麻布の校長先生

運動会の棒倒し

「正解」は欲しくない

どれくらいの人が中学や高校時代の校長先生の名前や言葉を覚えているのだろう。私は全く覚えていない。だからこそだろうか、取材を始めた当時の校長、氷上信廣さんに興味をもった。

まず口調が柔らかい。取材でたまにお会いする「校長先生」や偉い先生はときとして演説調になるのだが、氷上さんにはそれがなかった。話を伺っていて、こちらが質問したり異論を挟むと、丁寧に答えてくれた。これも新鮮だった。学校の先生を取材していて、たまにこちらが口を挟むとびっくりしたような表情をする人がいる。恐らくそれは長い教師生活で生徒に向かって一方的に話すことに馴れた人の癖なのだと思う。「黙って俺の話を聞け」という「体質」が染みついている。氷上さんにはそういう学校の先生にありがちな体質を感じなかった。

案内されて入った校長室も興味深かった。私が入ったことのある校長室はたいてい、大きなデスクの前に応接セットのようなものが置かれて整然とした雰囲気があったのだが、氷上さんの部屋には応接セットの代わりに丸テーブルが置かれ、その上に吉本隆明の本などが山積みになっていた。床にも何か本が積んである。研究室のような佇《たたず》まいの部屋だった。

氷上さんが校長に就任したのは二〇〇三年。それまで教えていた倫理社会では、ちょっと変わった先生だったらしい。授業にはいつも、出席簿を綴《と》じる黒ひもを捻《ね》じり鉢巻きのように頭に結わえて教壇に立った。授業も一風変わっていたと、あるOBは言う。

「いろんな思想家の考え方を紹介したあと『さて、君の意見は?』と常に訊かれていたような気がします。授業の中身は覚えていませんが、あるときに氷上先生が『いつ死んでもいいぐらいの感じで毎回授業には気合入れて挑んでるんだよ』とポロッと漏らしていたのはすごく印象に残っていますね」

実際、氷上さん本人に当時の授業の様子を質問すると、やはり変だった。定期試験のテスト問題はいつも必ず、たとえば「カントについて君が思うことを記せ」というような一問だけ。文字数の制限はないし、知識を訊ねることもしない。

採点もおかしい。点数をつけずにいつも答案用紙に「〇」を描く。要は答案さえ出せば赤点にはならないのである。かといって何でもいいわけではない。「〇」の下に棒のような「足」を一本足すと「顔を洗って出直してこい」という不満の表明、足が二本生えていると「論外」という意味になる。逆に「〇」の上から棒が一本伸びていると「上出来」。生徒に「君はどう思うか」と問い掛けていた氷上さんの採点は「俺はお前の答案を見てどう思ったか」というアンサーになっているのである。点数をつけられるよりも、教師の生の反応がそこにあるように思えて、生徒はこちらの方がエキサイトした。答案を返却するたびに、誰の答案に上向きの棒があるかみんな探して回るが、教室にひとりかふたりぐらいしかいなかったという。卒業後、

「先生から棒をもらうのが目標だったのにとうとう一度ももらえなかった」

と〝恨み言〟を言われることもあった。

二〇〇三年に校長に就任してから、氷上さんはちょっと不満を抱えた。「いつ死んでもいい」くらい命をかけていた授業から離れたからである。そこで二〇〇四年、自分が音頭をとって、麻布で今も続く名物授業を始める。

名前を「教養総合」という。これは高一、高二対象のゼミ形式の授業である。教師が好きなテーマの講座を掲げ、生徒が選択して応募する。募集は学期ごと、一年間に三回受講できる。二〇一三年度に設けられた六二講座のうちいくつか抜粋すると、

リレー講座「原子力利用と社会」

語学「中国語入門」
語学「英仏語の読書・ペーパーバックを読む」
語学「Let's Watch American Movies.」
人文「『日本SF大賞』を読む」
人文「文化人類学から歴史を考える」
人文「着物文化、着物文化続編」
科学「理論物理学に触れてみる」
科学「身近な食べ物を作ってみよう！」
科学「コンピュータを用いた数学演習（数C）」
芸術「篆刻《てんこく》――印を創る――」
芸術「一芸獲得♪　ワクワクパントマイム」
スポーツ「ボウリング」

硬いものから柔らかいものまで、教師が面白がって講座を作っている顔が想像できる。氷上さん自身も、校長を務めていた二〇一二年まで「一緒にものを考える」というタイトルの教養講座を担当していた。その授業は後述するとして、なぜ教養講座ができたのか背景を紹介しよう。

きっかけは二〇〇二年度に文部科学省が公立中学・高校に導入した「完全学校週五日制」と高校では二〇〇三年度から実施された「総合的な学習の時間」である。麻布も公立と同じように週五日制にするか検討したが、そうすると平日の授業時間が長くなり、クラブ活動の時間が削られてしまう。課外活動を励行している麻布で、それは避けたかった。そこで土曜日にも授業を行うが、普通の授業ではない取組みをしようと「教養総合」(当初は特別授業と呼ばれた)が始まった。少人数授業で、内容も教員が好きなテーマで学習指導要領を超えた専門的な分野でも構わない。

問題意識としてあったのは学力低下問題である。麻布のような「超」がつく進学校でも、学力の低下を感じると氷上さんは言う。

「倫理社会をずっと教えてきて、生徒がだんだん文章を書けなくなってきたと感じたんですよ。みんな器用だから起承転結のある文章は書くんだけれど、そのなかに自分が考えたことがない。稚拙でもその子が必死で本当に考えたことに心を打たれることってあるじゃないですか。麻布がずっと大切にしてきた自分で考える力が落ちてきていると感じていました」

校長就任後、氷上さんは中学のクラスに呼ばれて倫理社会の授業をしたことがある。生徒が「校長先生の授業を体験してみたい」と担任に希望して実現したものだ。授業の感想と評価を生徒たちに書かせたカードを読ませてもらったのだが、なるほど起承転結がしっかりしている文章だったが、中身がなかった。「とても面白い話をありがとうございました」式の感想を綴《つづ》り、ほとんどの生徒が評価に「○」をつけていた。どこに興味をもったのか、もっとどうしてほしかったのか、具体的なものがない。まるで「先生はこう書かれたら嬉しいんでしょ?」と生徒が顔色をうかがったような文章の羅列だった。たしかにツボは外していないので「答案」なら点数をもらえるだろう。が、定期テストに「君はどう思うのか」と問う氷上さんは「正解」は欲しくないのである。ひとりだけ「×」をつけて「なぜつまらないか」を堂々と論じている生徒がいて、氷上さんは、

「昔はこういう奴が多かったんだよ。生意気であとで呼びだしてやろうかと思うような奴がさ」

と笑った。

「今日(取材当日)も職員室で学力低下について議論になりました。昔は読書感想文ひとつとっても、公開したいような素晴らしい内容のものがあったのに、今は平板でつまらな

いことになっている。それがいつからなのかわからないんだけれど、圧倒的な地滑り現象で気づいたらこうなってたんですよ」

――それにはいわゆる「ゆとり教育」の影響はありますか。

「それは小さな理由のひとつだと思いますよ。僕は生徒が『社会化』された結果だと思う。これは宮台真司（麻布ＯＢ）が言ってることなんだけれど、人間の感染力がなくなっちゃった気がするんです。生徒が十重二十重に『着物』を着込んで、昔と同じことをしゃべっても伝わらない。でも生徒はその着物を自分の意思で着たんじゃなくて、着せられているんです。社会が着せていると思うんだよね。それが『社会化』という意味です」

「本来の教育とは、大人が裸でぶつかっていって、生徒の個性というか『彼らしさ』みたいなものを見つけていくことです。それが、声が届かないところに行っちゃっている感じなんですね。『ふざけるな』と言っても『ああそうですか』と身体をかわされて終わっちゃう。ツルツルした物体を相手にしているような感じで、言葉がなかに入っていかないんだもの。中一からしてそうだよ。担任の先生が言うことに『ああそうですか』と反応する。生徒は『違います』と生意気に反応したとしても、一応は目を輝かせるじゃないですか。それが今はトローンとした目つきで『ああそうですか』。担任から『そういう生徒はどうしたらいいですか』ってよく訊かれるんだよ（笑）」

「これは麻布という学校にとって無茶苦茶な危機です。うちは東大合格率の高い学校という旗ではなくて、人間形成という旗を立ててやっている。自分で考える人を育てるというのは麻布の生命線だから、それができないということは、なんのためにこの学校をやってるのかわからなくなってしまう」

――昔の生徒と比べてよくなった点はないんですか。

「変わってない部分はある。生徒がいくら社会化されたといっても大人に比べたら完全に社会化されたわけじゃないから。でも前よりよくなったとは言えないのが残念です。昔は馬鹿《ばか》をやっても、どこかその生徒のきらめきとかオリジナリティーがあって面白かった。でも今の馬鹿は間違いなく何かのコピーなんだよ。社会化とはそういうことなんだけれど、俺たちが考えた馬鹿だぞ、というプライドがなくなっている。馬鹿の質が落ちているんだね（笑）」

「だけど全く可能性がないかといえばそうではなくて、揺さぶって着物を剝《は》がすこともできる。教養総合というのはそのひとつの試みですよ。生徒の知的好奇心を刺激して勉強への意欲をもたせる。教員はふだんの授業とは違う言葉で語りかける。そこに突破口を見いだそうとしています」

「じゃあ、議論に入っていこうか」

氷上さんの教養総合の授業「一緒にものを考える」は、生徒に揺さぶりをかけるための機会だ。授業は校長室で行われて、受講者はテーブルに向かいあう形で座る。テキストはなく、あらかじめ自分たちで決めたテーマでB5サイズの紙一枚に収まるように作文を書いてくる。授業前にそれを人数分コピーして、最初にそれをそれぞれが黙読して、意見を交わしていく。決まりごとはひとつ。結論めいたことは出さない。テーマについて氷上さんも含めて「一緒に考えて」、あとはもち帰って自分で考える。

とある日の授業に私と担当編集者も作文を用意して参加させてもらった。テーマは「自由」。麻布の生徒が好きそうなテーマである。

司会も生徒が務めて、最初は各自が書いてきた作文について短くコメントしていく。質問が飛ぶときもある。その間、氷上さんはホワイトボードにそれぞれの作文から抜きだしたキーワードを書いていく。ひと通り終わると、「じゃあ議論に入っていこうか」と氷上さんが声をかける。

氷上　共通に考えているのは、みんな自由と社会のあり方を模索している。自由を求めると結局、不自由になってしまう。

生徒　日本にいると、不自由と感じる人はいないと思うんですけれど。

生徒　（作文のコピーの束を指して）これを見ても解放するよりも抑制すべきという意見が多い。

氷上　麻布で議論するとたいていそうなるんだ（笑）。

生徒　法律で禁止されなかったら人を殺していいのか。他律ではなく自律しなくてはいけない。

生徒　殺人というのは自由と自由のいちばんの衝突かもしれない。

生徒　具体例で殺人を挙げちゃうと、倫理的なものと契約的なものが混ざっちゃうよ。

氷上　社会の契約には根拠がある。その根拠は功利的なものか、もっと強い倫理的なものか。何を価値基準にして自律するのか、というのが問題だ。僕が君らぐらいのときに決定的に影響を受けたのが『キリスト者の自由』というルターの本で、そこで彼は「神に絶対的に服従する。それによってあらゆる権力から自由になれるから」と言っている。神の奴隷になることで何人《なんぴと》からも自由になれる。神とは彼のなかでは良心とも価値とも言っている。ある価値とつながることで、それ以外の価値から自由になる。宗教の「Religion」とは、「再びつながる」という意味なんだよ。絶対的なものにつながるから、自由を確保できる。これはちょっと頭を殴られたような気になったねえ。自由はふわふわ漂うのではなく、何か絶対的なものにつながることだと。

生徒　たとえばその絶対的なものっていうのが、その人が作りだしたものなら、その人って完全な意味で自由なのかな。

氷上　だと思う。自律の根拠は価値をもつかもたないか。

生徒　自分で価値をもってそれにつながるか。

氷上　そうそう。そういう風に言い換えていいんだよね。自律が大事とはよく言うけどさ、自律だけではまだ足らない。その奥にある価値というものも考えてもらわないとダメだ。その価値が見つかるかわからないよ。でも自律の奥に求めていく姿勢がないと、いつのまにか自律が他律に変わっていく気がする。

生徒　なるほど。

生徒　大事な価値とは一神教ではない。ひとりひとりがもつ価値の普遍性に賭けるしかないわけだよ。価値の多様性を言いだすと……。

生徒　難しいなあ。

生徒　……自分自身だけの価値観だから独善的になるかもしれないから、自分の価値観を疑って分析することが大事なんじゃないかな。

氷上　自律の根拠を考えるときに、どこかに普遍性を考えないとね。でないと結局ワガママになる。それでいいじゃないかという世界観をもっている人もいるんだよね。これはやっかいだ。

生徒　実際に自分の価値を大事にしていて、社会に出ていく人もいる。それはすごく強い人かもしれない。精神的にすごい自由なイメージがある。

氷上　みんな自由の殻だけ主張し始めて中身を真剣に考えなくなってくる。麻布の生徒ってちょっとそういうところがある、ついでに言うけど（笑）。でも殻だけで中身が真っ白だとつけ入ってくるものがある。それがファシズムの問題なんだけれど。

生徒一同　あー。

氷上　立ち入るなと言っても、中身がないのを見抜かれたら、入ってこられるんだよ。昔のファシズムじゃなくて新しいファシズムだ。

生徒　自分自身が価値を作っているのかというと、そうじゃないと思うんですよ。たとえば今回自分が書いたレポートも、カントの影響を受けているかなと思う。表現の自由は規制されるべきではないと思うんですけれど、でもネットに書かれている極端な意見とかに影響受ける人もいるわけだし、うーん。

氷上　勉強しないと自由になれない。

生徒　勉めて強いることですか。学問的なことですか。

氷上　学問的なことです。

生徒　知識があれば物事を相対化できる。

氷上　過去の人がどういう判断してきたのかも知れる。学問というと高尚なことを考えたがるけれど、ドリル的なものも必要だよ。職人の道を選んだ人は手に職をつけることで圧倒的に自由になっています。でも君らはこういうコースを選んじゃったんですよ。今、亞・知識人が続々と出てきているから、君らには本当の知識人になってほしい。

生徒　知識を入れる作業とこねる作業が大事なんですよね。

生徒　知識を疑うのって日本人にとって難しい作業かもしれない。権威主義的なところは家族間においても否めない。

氷上　どこかで少数者になることを恐れているよね。
生徒　個人として独立しないといけない。
氷上　個人が社会を構成している以上は、社会に対して考えて、ものを言う責任があるよ。僕ら自身のレベルでも考えないといけない。誰かっていうより、みんなが責任をもつ。君らの価値観をぶっこわすのに三年間ぐらいかかるんだよね。それでやっと高二ぐらいでものを考え始める。それが僕は悔しいんだよ（笑）。君らが中一ぐらいから考えていればね……。

抄録だが授業は概《おおむ》ねこういう雰囲気で進行していく。氷上さんから生徒にボールを投げることもあれば、生徒から氷上さんへ、生徒同士のキャッチボールもある。黙って聞いているだけの生徒もいれば、発言機会が多い生徒もいる。その場の思いつきのような稚拙な意見でも、何かすくいとってエッセンスのような言葉を氷上さんがホワイトボードに書きだしてくれるから、参加している意識ができる。自分の意見が馬鹿にされるんじゃないかと恐れる必要もない。空中戦のような話が、氷上さんのリードでらせん状に降りてきて、地に足の着いた話になる。授業のあと生徒が「あー、もっと勉強しなくちゃ」と漏らしたひと言に、氷上さんがほくそ笑んだ。

内なる小部屋を大切に

偶然ではあるが、授業で出た「自由と価値観」は今の麻布が直面している問題でもある。前章で述べた通り、麻布の校風が今、保護者の厳しい視線にさらされている。俗な言い方をすると進学率の旗を掲げない姿勢は、保護者受けが悪い。

——麻布ですら社会の変容に逆らえない。

「そう。だけど流されないように必死になって杭《くい》にしがみついている」

大きな「流れ」のなかで自分はどうあるべきなのか、それが氷上先生の教育の原点である。

麻布の教員になったのは二八歳だった。それまでは大学院に残り、将来はドイツ文学の研究者だった父と同じように、政治思想の研究者になることを夢見ていた。

「お恥ずかしいことですが、大学院に進んで初めて大学の存在であるとか、自分がやろうとしていることについて考えたんですね。そこで初めて大学が『流されている』と気づいた。そのことに気づかなくて研究者になろうとしていた自分が許せなくなりました」

修士論文は書きあげたものの、研究者の途は自ら降りた。ではどうしようと考えたときに、教会のボランティア教室で中高生に教えていた楽しい経験が甦《よみがえ》る。学問として取り組んできた社会のこと、人生を中高生と一緒に取り組むのも面白いのではないか――。教職課程を履修していなかったために紆余《うよ》曲折はあったものの、ドイツ留学のあと麻布の教員に働き口を得た。

「僕は悔しかったんですよ。みんな流されるままに生きている。そのことに気づかない悔しさ。それをバネに教員になったところがあるので、生徒にも『流されるなよ』と機会があるごとに言っています。大きな流れに流されないことは難しいけれど、流されているという自己認識があるのとないのとではずいぶん違う。『教養総合』でも僕の授業のどこかには『流されないで』というメッセージがある」

二〇一三年三月、校長退任を前に終業式で氷上先生は生徒たちを対象に最後の挨拶を行った。少し長いが全てを紹介する。

おはようございます。（生徒「おはようございます」）

今日は、私が諸君の前で話をする最後の機会です。何を話せばいいのかずいぶん迷いました。結果、できるだけ率直に、私が四〇年前に教員になったときの初心に還《かえ》って、そのときの想いと、今日もなおいちばん想っていることをお話ししようと思います。

私が中学高等学校の教員を職業として選んだころ、私のなかには、ある悔しさのようなものが、噴出する出口を求めてマグマのようにたぎっていました。そして振り返ってみれば、麻布の教壇に立って以来、その悔しさを生徒諸君にぶつけるようにして、教員人生を過ごしてきたと思います。

その悔しさとは、何を隠そう、いわば急流に押しつぶされてなす術《すべ》もない、自分というあまりにも小さな存在に対する苛立《いらだ》ちのようなものだと思います。したがって、初期の生徒諸君に自分自身言いきかせるように常に言っていたことは、急流にあっても、流れに持っていかれることがない自分だけの杭を作ろう、そしてその杭が本物かどうか吟味し続けようということでした。

それは具体的に言えば、人はなぜ大学に行こうとするのか。あるいは将来、何を職業として生きようとするのか。あるいはその社会は全ての人が幸せに生きる仕組みとしてこれでいいのか。よくなければ、そのために君自身は何ができるのか。などの問いを生徒諸君に発し、問いを生徒諸君と共有することでした。問いをもたなければ、答えを見つけようとすることもありません。そのようなことを普通世間の人が、「当たり前だ、訊ねるまでもないことだ」と考えていることに疑問をもつこと、その疑問につきあうこと、それが私の教師としての仕事だと腹をくくりました。

とりあえずの流れにとりあえず身を委ねているうちに、流されっぱなしになり、気がついてみたら一切を確かめることもなく、生きて終わるということは、あまりにも悔しい。酔生夢死という言葉がありますが、酔っぱらって夢を見ているうちに人生が終わってしまう、これはたまらん。そういう想いを生徒諸君にぶつけるようにしてやってきました。流される、そのたびに他人はどうでも、自分は自分、急流に突き刺さった確かな自分だけの杭を探そう。そういう想いでやってきました。もちろん若気の至りでとんがっていたことが、その後の人生経験や英知の学びで多少なりとも、豊かになりました。校長になって、力点の置き方が少し変わった気がします。それは流されないで生きるためには、他人とともに生きるという杭が希望の杭であることが確信できたことによります。

しかし、人は流されずに自分を見つめながら生きなければいけないという基本的な想いは変わらなかったと思います。今でも変わっていません。

今顧みて、たいしたことはできなかったと思っています。それどころか、諸君が希望と喜びをもって前向きに生きようとしていることに水を差してばかりだったのかもしれないと、忸怩《じくじ》たる想いです。

最後にお話ししたいことは、一九五〇年代に国連の事務総長であった、ハマーショルドという人についてです。この人はできたばかりの国際連合を率いて、国際紛争や戦争を解決する力になろうと一身を賭《と》して悪戦苦闘した人でした。国連緊急軍を創設したのも、彼のときでした。激務に次ぐ激務のさなかにアフリカの上空で不慮の事故を、事故死を遂げました。一説では撃墜されたとも言われています。そのハマーショルドについて伝えられていたことですが、彼は国連のなかに自分だけの小さな部屋を持っていたということです。何の飾りもない、白い壁に囲まれた小さな部屋。これがハマーショルドの使命感と激務を支えた秘密の空間だったと、死後、その部屋について証言した人がいました。彼はそこで何をしていたのでしょうか。そこで彼は祈り、瞑想《めいそう》していたのです。難しい政治判断についてではありません。判断をしなければならない、自分というものの心の奥底に向きあい、自分との対話をしていたのです。名誉や自信や誇りといった、いわゆる私心についてあるいは死の恐怖について、あるいは公人として許されない今日の偽りについて、自分と向きあっていたのです。彼の難局に立ちあう勇気も、彼の人類に対する愛も、この祈りと瞑想の部屋から静かに湧きでたであろうことは想像に難くありません。

諸君、諸君が流されずに謙虚で偽りのない自分であろうとするとき、それは諸君自身のなかにある祈りと瞑想の小部屋を大切にするかどうかにかかっていると思います。諸君が大切にしている自由も、諸君が目指している自主自立も、この祈りと瞑想の小部屋の存在を抜きには考えられません。諸君、どうかとうとうと流れていて、抗する術がないような流れのなかにあっても、しかし諸君自身の内なる小部屋を大切にしてください。諸君自身の内なる小部屋にあって、静かに目をつむる習慣を身につけてください。じっと目をつむり、そしてさらに目をつむる時間に耐えていると、必ずや諸君がとりつく杭が見えてきます。その杭がたとえ遠くにあっても、とりつくために流れに逆らって泳ぎ切ろうとする勇気が湧いてきます。私は今日限り校長の職を去ることになります。いつの日かまたお会いして、諸君がとりつくことができたそれぞれの杭を見せてもらいたいと思っています。そのような諸君を楽しみに待つことにします。

それではお元気で、さようなら！（生徒絶叫「さようなら！　校長！」大きな拍手）

ありがとうございます。

大人になればなるほど、自分と向きあうことが多くなった。利己的な判断も、自嘲《じちょう》気味な決断も、自分と向きあうところからしか始まらなかった気がする。特に震災以降、好むと好まざるとにかかわらず、人生、生き方について向きあうようになったのは、私だけではないと思う。「私のなかの白い小さな部屋」という氷上さんの言葉を胸の内で反芻《はんすう》した。高校生の心にどこまで響いたのかわからない。しかし二〇年、三〇年後にふと甦るのではないか。

氷上さんには卒業式後の謝恩会で必ず繰り返すフレーズがある。「いい男になれ」。池波正太郎の文章から想を得た訓示だという。

「それは仕事のできる男になれ、という意味です。どんな仕事だっていいんです。エリートである必要は全然ない。ただ与えられた仕事をやり遂げる男です。それと家事ができる男、将来、学園に寄付ができる男になれと三つ言います（笑）」

校長を退任したあと氷上さんは今、理事として学園経営にかかわる一方、沖縄県の宮古島に居を移して念願の活動に専念している。それは同島にあるハンセン病療養施設の国立療養所宮古南静園の支援活動である。氷上先生はボランティア活動として施設に三〇年以上も通っていた。

「ボランティアったって、入園している方々の話し相手になるぐらいだよ」

と言うが、行くときは麻布の生徒やOBで希望する者も連れていっていた。これからは麻布以外の青少年にも対象を広げたいと考えている。

「もう文字の上での研究は卒業だな。倫理とは最終的に実践だから。これからは黒板を背にしてではなくて一緒に身体を動かしながら、土地の方の力も借りて、若い人たちに伝える環境を提供したいと思っているんですよ。青少年が大きくなって社会に出たときに、そういう経験が栄養素となって違ってくると思うんだよね」

私はまだ南静園を訪れたことがない。いつかエメラルドグリーンの海を前に、氷上さんと語りあいたいと願っている。

【麻布のＯＢ　その６】河東《かわひがし》泰之さん（東京大学大学院数理科学研究科教授　一九八一年卒）

麻布を選んだのは自由な校風と、中学で微分積分を教えているということを聞いたからです。もっとも私が入学したころは教えるのを止めていましたけれど。漠然と数学者になりたいと子どものころから思っていて、小学生で中学生の方程式は自分で勉強していました。だから麻布の入試も二次方程式で解いたのを覚えています。二月の入試が終わったあと微積の本を買ってきて、自分で勉強を終えてました。中二のときは英語の論文を読んでいましたね。数学って子どもがひとりでどんどん勉強ができるから面白いんですよ。

まあそういうわけなので、麻布の授業が面白かったとは、言いにくいですね（笑）。ほんと授業で想い出ってないんですよ。休み時間にトランプとかカード麻雀をやっていたのは覚えています。友だちと遊ぶために学校に行く、みたいな。高三になって遊び仲間も受験勉強を始めて相手にしてくれなくなって、とても寂しかった（笑）。真面目に勉強した記憶がないんですよ。塾も中学のときに行ってすぐ止めて、それからは行ったこともありませんし、授業もノートとったことがないんですよ。授業でノートをとるって東大の大学院からですね。クラブ活動もせず、本を読んだりしてました。パソコンが出始めたころで、親に頼んで買ってもらって家で友だちとプログラミングをして遊んだり。

真面目に勉強はしないんですが、試験は得意でした。国語や英語は普通に本を読んでいたらできるようになりました。高三でもパソコン関係の雑誌に記事を書くのに夢中で、受験勉強はしていません。受験勉強は小学生のときだけですね。社会の年表一冊覚えるとか得意だったんですよ、すぐ飽きましたけれど。

中学から高校までずっと数学のテストがだいたい満点で、卒業する前の最後の実力試験で先生たちが結託してすごく難しい問題を出した。満点のまま卒業させたら僕のタメにならないからと聞いたことがありますが、本当かどうかはわかりません。ただ、さすがにその試験はできなくて、五〇点台だったと思います。周りのみんな〇点だらけでしたけれど(笑)。数学は一カ月二カ月寝ても覚めても考え続けることは普通にあります。できたときの「やったぜ」という気持ちは、中学生のころ一生懸命に問題を解いたときとそんなに変わらない。麻布は自由にさせてくれる学校だったので、今まで数学という好きなことだけをやってきた感じですね。

おわりに

麻布では入学が決まった生徒に、『麻布学園の一〇〇年』という学校史を配布する。『歴史』『文集』『アルバム・年表』の三分冊からなるかなり分厚い詳細な学校史で、読んでいくと「現在の麻布」に至る過程に三つのターニングポイントがあるように思えた。

ひとつ目は創立から一年ほどたった一八九六年に、第一高等学校（一高）の「連絡」がとれたことである。「連絡」とは推薦枠のことだ。当時、一高の推薦枠は公立中学がほとんどで、せっかく麻布中学が入学者を決めても、あとから公立中学に合格して辞退する者が続出したという。そこで、「連絡」がとれたということは優秀な生徒を集めることにつながり、経営の安定化にも寄与した。

学校史『麻布学園の一〇〇年』

ふたつ目は年代がだいぶ下って、一九六七年、都立高校に学校群制度がとり入れられたことである。学校群制度とは都立高校をいくつかまとめてグループ化（群）し、受験生はそのグループを受験して、たとえば成績一番のA君はX高校、二番B君はY、そしてまた三番のC君がXと合格者を振りわけていく仕組みのことである。当時は都立高校全盛時代で、高校別の東大合格者数ランキングでも都立がベスト一〇にずらりと並んだ。そこで過熱していた都立高校の受験戦争を緩和し、学校間格差をなくすためにとり入れたのだが、受験生には不評だった。自分が行きたい学校に行く自由を奪うのだから、当然だと思う。その反動で優秀な子どもたちが私立に進学するようになり、麻布など東大合格者数を増やしていた私立名門がランキングで逆転するようになる。学校群制度は一九八一年に廃止になったが、いったん失った受験生は簡単には戻らず、公立中高一貫校や都立の進学指導重点校制度など、〝官製〟進学校を作る現在の教育政策につながっていく。

麻布の特徴である「自由」の系譜は、一九六〇年代後半から始まった学園紛争を抜きにしては語ることはできない。前出の『麻布学園の一〇〇年』の『歴史』はそれだけで一二〇六ページもある大部の本だが、紛争について一〇〇ページ余も割いている。

『アルバム・年表』によると、一九六九年、校内で授業中に無届け反戦集会が開かれたことで、職員会議で「学校紛争が始まったと解釈せざるを得ない」という記述がある。そして一九七〇年に学校理事だった山内一郎氏が理事長・兼校長代行に選任される。山内代行はロックアウト（締め出し）などの強硬手段で校内を統制し、教員・生徒・保護者が反発を強めていった。

対立の頂点に達したのが、一九七一年一一月一五日、中庭で山内代行も出席して開かれた全学集会である。そのときの模様をコラムでも紹介した学習院大学教授の中条省平さんはこう語る。

「僕は高二でその場にいました。夜で雨が降り始めて、校庭をサーチライトで照らしていた。演台があったかなかったか、みんなグラウンドに立っていたかな。先生や生徒が弾劾して山内代行が抗弁したりしていました。ただ山内派が劣勢だったことは事実です。それで山内代行がしゃべっているときに、誰かが『このやろう』って感じで代行に向かって駆け

紛争当時の文化祭で行われたデモの様子

だしたんですよ。それに続いて一斉に人が駆け寄ってあっというまに代行の姿が人の波に消えて、あとはもう混乱状態で何が何だかわからなくなった。僕はこの瞬間、『麻布は解体する』と直感的に思いました。

しばらく混乱状態が続いて、一〇分かそれくらいあとで人波が割れて、頭から血を流している山内代行が光のなかに浮かびあがったんですよ。それは鮮烈に覚えています。それで騒ぎは一回止まったんです。驚いたのは、それから山内代行を先頭に麻布警察にひき立てていったんですね。それは僕も同行したので間違いない。捕まっていた学友がいたんで、それを出させにいったのかな。でも警察が山内代行が行ったからといって出してくれるはずないじゃないですか。それはほとんど象徴的な行為であって、山内代行をひき立てて警察に行くというのは、今から考えると悲壮なヒロイズムがあったんだと思う。ある種自分たちを崖《がけ》っぷちの英雄みたいに思っていたんじゃないかな」

『歴史』によると、山内代行は警察に行く途中で解放されて、医務室に運ばれ病院に入院している。また、このとき山内代行は退陣要求書に署名し、辞任を表明していた。のちに山内代行は学校資金を着服していたことが判明し、業務上横領で起訴され、最高裁で有罪が確定している。学校紛争の経緯が「正史」である学校史に詳述されているのは、山内代行が学校のお金を着服していた「悪」であり、教員・生徒らがその追い出しに成功した「善」の側面があるからだ。学生が敗北していった当時の学校紛争とは一線を画す面がある。

補足するが、麻布の自由な校風はこのときから始まったというわけではない。創設者の江原素六氏がもともと自由民権運動の影響を受けたキリスト者で、リベラルな気風のもち主だった。『歴史』によると、一九〇二年、政友会が発表した「教育方針大綱九ヶ条」の「教育方針説明」を執筆したのが江原氏だった。その第一条にこうある。

《第一に教育の方針は保守排外思想を排除したものでなければならない。「国民として己の国家を尊重するは言うまでもなきことながら、ただ固陋の考えから己を尊び他を卑しみ、外人といえばこれを軽蔑するようなことは、自尊ではなく自傲である。」》

また『文集』では、直接江原氏から指導を受けた明治時代卒のOBたちの想い出が綴られていて、そこにもやんちゃな生徒に笑いながら鷹揚《おうよう》に対応する姿が描かれている。もともと自由の伝統が設立当時から脈々と流れており、それが学校紛争での大きな反発につながったのである。

それでは、そのような伝統も背景もない「非・麻布」の我々は、この学校から何も得るものはないのだろうか。単に「いい学校もあるんだね」とエリート校への嫉妬《しっと》混じりのため息をついて終わりにしてよいのだろうか。

取材をしていて、何度か私は悔しさとか、憤りのような感情にとらわれた。自分が受けてきた教育を振り返らざるを得なかったからである。

麻布の教えを私流に乱暴にまとめるなら、「自由に生きよ」ということだと思う。それは文字通り生き方であり、常識や固定観念を疑う精神でもある。私の中高生時代、そんなことを教えてくれた先生はひとりもいなかった。

なぜなら生徒が固定観念を疑い始めたとき、真っ先に問われるのは教師の存在であり、自由に考えることは学校の危険思想だからだ。だから私が教わったのは「人に迷惑をかけるな」ということだった。一見当たり前に聞こえるこの言葉は、教師が生徒を管理するのに大変都合のよい考え方である。人に迷惑をかけないこと即ち、教師に従うことにつながる。教師が決めたことに「それはなぜですか」と問うことは、重大な規律違反になる。

「自由に生きよ」

誰もそんなことを私に教えてくれなかった。決められた秩序のなかで人に迷惑をかけず、地道に生きる途ももちろんよいだろう。しかし、社会に出る前のひな鳥のような青年期に必要なのは現実社会との折り合いをつける処世術ではなく、自由に考え、既成概念を疑い、自分でものを考える力ではないだろうか。

麻布学園の教育は個性的だ。東大に毎年何十人も入るような学校だからそういう教育が可能なのだ、という見方もあるだろう。それは正しい面もある。しかし自由に考え生きるのは、エリートだけに許された特権なのだろうか。公立の、そこらへんにある平凡な中学・高校の先生はそう教えることを簡単に放棄してよいことなのだろうか。

「自由に生きよ」と教えた側は、当然それに責任をもつ。伝統や歴史があれば自動的に生徒が育つわけではない。そのために麻布の先生たちが熱意と努力をどれほど傾けているか、この本を読まれた方ならわかっていただけると思う。

麻布の学校説明会を聞いていて、彦坂先生のひと言にふと胸を突かれた瞬間があった。

「この学校はどんな子どもにも居場所があります」

中学高校と学校に馴染めず、半分登校拒否のような子どもだった私には、どこにも居場所はなかった。居場所を確保してくれる先生も、一緒に探してくれる人もいなかった。

そうか、麻布の子には居場所を探してくれる先生がいるのか。

中学生や高校生だったころの私が欲しかった言葉がそこにあった。

二年にも及ぶ取材の目的は、独特な教育システムのなかから、我々の社会が共有すべき普遍的な価値を探すことだった。教員、生徒、OBなどさまざまな群像のなかから、私自身が得た普遍の価値は「自由に生きよ」だった。この本を読まれた読者も何か「持って帰れるもの」が見つかれば、著者にとってこれほど嬉しいものはない。

神田憲行

二〇一四年八月

神田憲行（かんだ のりゆき）

一九六三年、大阪府生まれ。ノンフィクションライター。関西大学法学部卒業後、故黒田清氏の事務所を経て独立。九二年から約一年間、ベトナムのホー・チ・ミン市で日本語教師生活を送る。また夏の高校野球を二〇年以上にわたって取材している。これらの経験から教育、高校生を取り巻く問題に興味を持つようになり、本書に至る。他に人物ルポを中心に幅広い執筆活動を続けている。主な著書に『ハノイの純情、サイゴンの夢』（講談社文庫）、『八重山商工野球部物語』（ヴィレッジブックス）など。

「謎《なぞ》」の進学校《しんがくこう》 麻布《あざぶ》の教《おし》え

集英社新書〇七五八E

二〇一四年一〇月二二日 第一刷発行

著者……神田憲行《かんだのりゆき》

発行者……加藤 潤

発行所……株式会社集英社

東京都千代田区一ツ橋二-五-一〇 郵便番号一〇一-八〇五〇

電話 〇三-三二三〇-六三九一（編集部）

〇三-三二三〇-六〇八〇（読者係）

〇三-三二三〇-六三九三（販売部）書店専用

装幀……原 研哉

印刷所……大日本印刷株式会社 凸版印刷株式会社

製本所……株式会社ブックアート

定価はカバーに表示してあります。

ISBN 978-4-08-720758-3 C0237

a pilot of wisdom

教育・心理——E

- 性同一性障害　吉永みち子
- 「学ぶ」から「使う」外国語へ　関口一郎
- ホンモノの文章力　樋口裕一
- 中年英語組　岸本周平
- おじさん、語学する　塩田　勉
- 感じない子ども こころを扱えない大人　袰岩奈々
- レイコ@チョート校　岡崎玲子
- 大学サバイバル　古沢由紀子
- 語学で身を立てる　猪浦道夫
- ホンモノの思考力　樋口裕一
- 共働き子育て入門　普光院亜紀
- 世界の英語を歩く　本名信行
- かなり気がかりな日本語　野口恵子
- 人はなぜ逃げおくれるのか　広瀬弘忠
- 英語は動詞で生きている！　晴山陽一
- 悲しみの子どもたち　岡田尊司
- 行動分析学入門　杉山尚子
- あの人と和解する　井上孝代
- 大人のための幸せレッスン　志村季世恵
- 娘よ、ゆっくり大きくなりなさい　堀切和雅
- 就職迷子の若者たち　小島貴子
- 日本語はなぜ美しいのか　黒川伊保子
- 性のこと、わが子と話せますか？　村瀬幸浩
- 「人間力」の育て方　堀田　力
- 「やめられない」心理学　島井哲志
- 学校崩壊と理不尽クレーム　嶋﨑政男
- 死んだ金魚をトイレに流すな　近藤　卓
- 「才能」の伸ばし方　折山淑美
- 演じる心、見抜く目　友澤晃一
- 外国語の壁は理系思考で壊す　杉本大一郎
- ○《まる》のない大人 ×《ばっ》だらけの子ども　袰岩奈々
- 巨大災害の世紀を生き抜く　広瀬弘忠
- メリットの法則 行動分析学・実践編　奥田健次

社会——B

マルクスの逆襲	三田誠広
ルポ 米国発ブログ革命	池尾伸一
日本の「世界商品」力	嶌　信彦
今日よりよい明日はない	玉村豊男
公平・無料・国営を貫く英国の医療改革	武内和久 竹之下泰志
日本の女帝の物語	橋本　治
食料自給率100%を目ざさない国に未来はない	島﨑治道
自由の壁	鈴木貞美
若き友人たちへ	筑紫哲也
他人と暮らす若者たち	久保田裕之
男はなぜ化粧をしたがるのか	前田和男
オーガニック革命	高城　剛
主婦パート 最大の非正規雇用	本田一成
グーグルに異議あり！	明石昇二郎
モードとエロスと資本	中野香織
子どものケータイ―危険な解放区	下田博次
最前線《フォワード》は蛮族たれ	釜本邦茂
ルポ 在日外国人	髙　賛侑
教えない教え	権藤　博
携帯電磁波の人体影響	矢部　武
イスラム―癒しの知恵	内藤正典
モノ言う中国人	西本紫乃
二畳で豊かに住む	西　和夫
「オバサン」はなぜ嫌われるか	田中ひかる
新・ムラ論ＴＯＫＹＯ	隈　研吾 清野由美
原発の闇を暴く	広瀬　隆 明石昇二郎
伊藤Ｐのモヤモヤ仕事術	伊藤隆行
電力と国家	佐高　信
愛国と憂国と売国	鈴木邦男
事実婚 新しい愛の形	渡辺淳一
福島第一原発―真相と展望	アーニー・ガンダーセン
没落する文明	萱野稔人 神里達博
人が死なない防災	片田敏孝

a pilot of wisdom

イギリスの不思議と謎　金谷展雄
妻と別れたい男たち　三浦 展
「最悪」の核施設 六ヶ所再処理工場　小出裕章／渡辺満久／明石昇二郎
ナビゲーション「位置情報」が世界を変える　山本 昇
視線がこわい　上野 玲
「独裁」入門　香山リカ
吉永小百合、オックスフォード大学で原爆詩を読む　早川敦子
原発ゼロ社会へ！ 新エネルギー論　広瀬 隆
エリート×アウトロー 世直し対談　堀田 力／玄 秀盛
自転車が街を変える　秋山岳志
原発、いのち、日本人　浅田次郎／藤原新也 ほか
「知」の挑戦 本と新聞の大学Ⅰ　一色 清／姜尚中 ほか
「知」の挑戦 本と新聞の大学Ⅱ　一色 清／姜尚中 ほか
東海・東南海・南海 巨大連動地震　高嶋哲夫
千曲川ワインバレー 新しい農業への視点　玉村豊男
教養の力 東大駒場で学ぶこと　斎藤兆史
消されゆくチベット　渡辺一枝

爆笑問題と考える いじめという怪物　太田 光／NHK「探検バクモン」取材班
部長、その恋愛はセクハラです！　牟田和恵
モバイルハウス 三万円で家をつくる　坂口恭平
東海村・村長の「脱原発」論　村上達也／神保哲生
「助けて」と言える国へ　奥田知志／茂木健一郎
わるいやつら　宇都宮健児
ルポ「中国製品」の闇　鈴木譲仁
スポーツの品格　桑田真澄／佐山和夫
ザ・タイガース 世界はボクらを待っていた　磯前順一
ミツバチ大量死は警告する　岡田幹治
本当に役に立つ「汚染地図」　沢野伸浩
「闇学」入門　中野 純
100年後の人々へ　小出裕章
リニア新幹線 巨大プロジェクトの「真実」　橋山禮治郎
人間って何ですか？　夢枕 獏 ほか
東アジアの危機「本と新聞の大学」講義録　一色 清／姜尚中 ほか
不敵のジャーナリスト 筑紫哲也の流儀と思想　佐高 信

文芸・芸術——F

プルーストを読む	鈴木道彦
フランス映画史の誘惑	中条省平
文士と姦通	川西政明
廃墟の美学	谷川　渥
ピカソ	瀬木慎一
超ブルーノート入門　完結編	中山康樹
ジョイスを読む	結城英雄
樋口一葉「いやだ！」と云ふ	田中優子
海外短編のテクニック	阿刀田高
余白の美　酒井田柿右衛門	十四代酒井田柿右衛門
父の文章教室	花村萬月
懐かしのアメリカTV映画史	瀬戸川宗太
日本の古代語を探る	西郷信綱
中華文人食物語	南條竹則
古本買い　十八番勝負	嵐山光三郎
江戸の旅日記	ヘルベルト・プルチョウ
脚本家・橋本忍の世界	村井淳志
ジョン・レノンを聴け！	中山康樹
必笑小咄《こばなし》のテクニック	米原万里
小説家が読むドストエフスキー	加賀乙彦
喜劇の手法　笑いのしくみを探る	喜志哲雄
映画の中で出逢う「駅」	臼井幸彦
落語「通」入門	桂　文我
永井荷風という生き方	松本　哉
世にもおもしろい狂言	茂山千三郎
クワタを聴け！	中山康樹
米原万里の「愛の法則」	米原万里
官能小説の奥義	永田守弘
日本人のことば	粟津則雄
ジャズ喫茶　四谷「いーぐる」の100枚	後藤雅洋
宮澤賢治　あるサラリーマンの生と死	佐藤竜一
寂聴と磨く「源氏力」全五十四帖　一気読み！	「百万人の源氏物語」委員会編
時代劇は死なず！	春日太一

a pilot of wisdom

田辺聖子の人生あまから川柳　田辺聖子
幻のB級！大都映画がゆく　本庄慧一郎
現代アート、超入門！　藤田令伊
英詩訳・百人一首 香り立つやまとごころ　マックミラン・ピーター
江戸のセンス　荒井修　いとうせいこう
振仮名の歴史　今野真二
俺のロック・ステディ　花村萬月
マイルス・デイヴィス 青の時代　中山康樹
現代アートを買おう！　宮津大輔
小説家という職業　森博嗣
美術館をめぐる対話　西沢立衛
音楽で人は輝く　樋口裕一
オーケストラ大国アメリカ　山田真一
証言 日中映画人交流　劉文兵
荒木飛呂彦の奇妙なホラー映画論　荒木飛呂彦
耳を澄ませば世界は広がる　川畠成道
あなたは誰？ 私はここにいる　姜尚中

素晴らしき哉、フランク・キャプラ　井上篤夫
フェルメール 静けさの謎を解く　藤田令伊
司馬遼太郎の幻想ロマン　磯貝勝太郎
GANTZなSF映画論　奥浩哉
池波正太郎「自前」の思想　佐高信　田中優子
世界文学を継ぐ者たち　早川敦子
あの日からの建築　伊東豊雄
至高の日本ジャズ全史　相倉久人
ギュンター・グラス「渦中」の文学者　依岡隆児
キュレーション 知と感性を揺さぶる力　長谷川祐子
荒木飛呂彦の超偏愛！映画の掟　荒木飛呂彦
水玉の履歴書　草間彌生
ちばてつやが語る「ちばてつや」　ちばてつや
書物の達人 丸谷才一　菅野昭正・編
原節子、号泣す　末延芳晴
映画監督という生き様　北村龍平
日本映画史110年　四方田犬彦

a pilot of wisdom

集英社新書 好評既刊

不敵のジャーナリスト 筑紫哲也の流儀と思想
佐高 信 0747-B

冷静に語りかけ、議論を通じて権力と対峙した平熱のジャーナリスト、故・筑紫哲也の実像に今こそ迫る。

るろうに剣心―明治剣客浪漫譚―語録〈ヴィジュアル版〉
和月伸宏／解説・甲野善紀 034-V

『週刊少年ジャンプ』が生んだ剣客ファンタジーの志と反骨精神あふれる名セリフをテーマ別に紹介する。

美女の一瞬〈ヴィジュアル版〉
金子達仁／小林紀晴 035-V

被写体を「戸惑わせる」ことで引き出した、美女たちの新鮮な魅力に溢れる一冊。貴重な写真を多数掲載。

映画監督という生き様
北村龍平 0750-F

ゴダール、ケヴィン・コスナーも絶賛した画を撮り、ハリウッドに拠点を置いて気を吐く著者の生き様とは。

安倍官邸と新聞「二極化する報道」の危機
徳山喜雄 0751-A

安倍政権下の新聞は「応援団」VS.「アンチ」という構図で分断されている。各紙報道の背景を読み解く。

日本映画史110年
四方田犬彦 0752-F

『日本映画史100年』の増補改訂版。黒澤映画から宮崎アニメ、最新の映画事情までを網羅した決定版。

ニッポン景観論〈ヴィジュアル版〉
アレックス・カー 036-V

日本の景観破壊の実態を写真で解説し、美しい景観を取り戻すための施策を提言する、ヴィジュアル文明批評。

ブッダをたずねて 仏教二五〇〇年の歴史
立川武蔵 0754-C

アジアを貫く一大思潮である仏教の基本と、「ほとけ」の多様性を知ることができる、仏教入門書の決定版。

世界を戦争に導くグローバリズム
中野剛志 0755-A

『TPP亡国論』で日米関係の歪みを鋭い洞察力でえぐった著者が、覇権戦争の危機を予見する衝撃作！

誰が「知」を独占するのか ―デジタルアーカイブ戦争
福井健策 0756-A

アメリカ企業が主導する「知の覇権戦争」の最新事情と、日本独自の情報インフラ整備の必要性を説く。